COLLECTION

DE

CONTES ET DE CHANSONS POPULAIRES

XII

CONTES BERBÈRES

OUVRAGES DU MÊME AUTEUR

Prières des musulmans chinois, trad. sur l'original arabe et persan, imprimé à Canton. Paris, E. Leroux, 1878, in-8.

Poème de Çabi en dialecte chelha. Texte, transcription et traduction française. Paris, Imp. nationale, 1879, in-8.

La poésie arabe antéislamique. Paris, E Leroux, 1880, in-18.

Un Voyage en Tunisie. (Bulletin de la Société de géographie de l'Est, 1882)

Etudes sur l'histoire d'Ethiopie. Paris, E. Leroux, 1882, in-8.

Relation de Sidi Brahim de Massat, traduite sur le texte chelha et annotée. Paris, E Leroux, 1883, in-8

Les manuscrits arabes de deux bibliothèques de Fas. Alger, 1883, grand in-8.

Notes de Lexicographie berbère, première partie (vocabulaires du Rif, de Djerbah, de Ghat et des Kel Ouï., Paris, E. Leroux, 1883, in-8.

Mission scientifique en Algérie et au Maroc. (Bulletin de la Société de géographie de l'Est, 1883-85).

Documents géographiques sur l'Afrique septentrionale, traduits de l'arabe. (Bulletin de la Société de Géographie de l'Est, 1883-86.)

Contes arabes : Histoire des dix Vizirs (Bakhtyar-Nameh). Paris, E Leroux, 1883, in-18.

Les manuscrits arabes du bach agha de Djelfa Alger, 1884, grand in-8.

Vie d'Abbâ Yohanni, texte éthiopien, traduction française avec une introduction. Alger, 1885, grand in-8.

Notes de Lexicographie berbère, deuxième partie. (Dialecte des Beni Menacer) Paris, E. Leroux, 1884, in-8.

Notes de Lexicographie berbère, troisième partie. (Dialecte des K'çours du Sud-Oranais et de Figuig). Paris, E. Leroux, 1886, in-8.

Les manuscrits arabes des bibliothèques des Zaouias des Aïn Madhi et l'emacin, de Ouargla et de 'Adjadja. Alger, 1886, grand in-8.

Recueil de textes et de documents relatifs à l'histoire et à la philologie berbères. (Bulletin de Correspondance africaine, 1885-86).

Mélanges d'histoire et de littérature orientales. I. Une élégie amoureuse d'Ibn Saïd en Nas. Louvain, 1886, in-8.

Une semaine dans le Sahara Oranais. (Bulletin de la Société de géographie de l'Est, 1886.)

Notice sur le Magseph assetat, du P. Antonio Fernandez, traduite du portugais de F. M. Esteves Pereira. Alger, 1886, grand in-8.

Manuel de langue kabyle (dialecte zouaoua), grammaire, bibliographie, chrestomathie et lexique). Paris, 1887, in-8.

EN COLLABORATION AVEC M. HOUDAS :

Mission scientifique en Tunisie. I. Epigraphie tunisienne. Alger, 1882, grand in-8, avec carte et planches. II. Bibliographie : les manuscrits arabes de Tunis et de Qaïrouan Alger, 1884, grand in-8.

EN PRÉPARATION :

Loqman berbère, avec une introduction et un glossaire. Quatrième série de notes de Lexicographie berbère (dialectes du Gourara, des Touaregs Aouelimmiden et argot du Mzab), *Contes berbères*, deuxième série.

CONTES POPULAIRES
BERBÈRES

RECUEILLIS, TRADUITS ET ANNOTÉS

PAR

René BASSET

PROFESSEUR A L'ÉCOLE SUPÉRIEURE DES LETTRES D'ALGER

PARIS
ERNEST LEROUX, ÉDITEUR
28, RUE BONAPARTE, 28

1887

PRÉFACE

Il y a quelques années, le P. Rivière publiait dans cette même collection un volume de contes kabyles, qui, s'il n'avait pas, comme on l'a dit, le mérite de nous présenter les premiers spécimens de la littérature populaire des Berbères — on pourra s'en convaincre en recourant à l'Appendice, — fournissait du moins aux folkloristes, le nombre le plus considérable jusqu'alors paru de documents berbères, si l'on excepte les Poésies populaires éditées et traduites par le général Hanoteau. On peut se rendre compte de l'importance des Berbères au point de vue de la transmission des con-

tes, puisqu'en bien des endroits, ils ont servi d'intermédiaires entre les Arabes et les populations de l'Afrique centrale et occidentale. Mais les textes rassemblés par le P. Rivière et ses confrères étaient empruntés exclusivement aux Zouaouas du Jurjura, une des tribus qui, précisément, s'est tenue le plus à l'abri du contact étranger et, par suite, n'a joué qu'un rôle fort secondaire dans la diffusion de ces récits, pour la plupart venus de l'Inde.

Diverses missions dans le Sahara, en Tripolitaine, en Tunisie, en Algérie et au Maroc m'ont permis de recueillir un grand nombre de contes qui, outre leur importance linguistique, offrent de nouveaux documents pour l'histoire du folklore berbère. Les historiens arabes avaient reconnu depuis longtemps l'existence de récits fabuleux dans l'Afrique septentrionale; mais, s'ils accueillaient avec une certaine crédulité les généalogies qui rattachaient les Kabyles aux plus illustres familles de la péninsule arabique, ils n'attachaient aucune importance à ces contes dont l'étude devait, de nos jours, prendre une place si considérable dans l'histoire du développement intellectuel de l'humanité. « Les Berbères, *dit* « *Ibn Khaldoun*, racontent un si grand « nombre d'histoires que, si on se don- « nait la peine de les mettre par écrit, on « remplirait des volumes ». *Et, à l'appui de son dire, il cite la légende suivante :* « La sœur de Yala ben Ahmed El Ifreni, « enfanta, sans avoir eu commerce avec « un homme, un fils nommé Kelman, « surnommé Ibn Asad *(fils de lion)*, parce « que sa mère l'avait conçu par l'effet de « la bave d'une bête féroce qui s'abreu- « vait dans une source d'eau chaude où « elle s'était baignée. » (Histoire des Berbères, t. I, p 205). *Les naissances miraculeuses étaient donc un des éléments de ces contes, et sans remonter jusqu'à Hérodote qui fait emprunter aux Libyens par les Grecs le culte de Poseïdon et d'Athénè Tritogenis, on trouvera dans des récits plus modernes des traits de superstition non moins curieux. Moh'ammed ben Yousof et son abréviateur El Bekri tiennent de témoins oculaires que* « chez les Fadela et les Benou Akidan *(tribus berbères orientales, sur les confins de l'Egypte et de la Tripolitaine)* « il n'est pas rare de voir la fille qui « vient de naître, se métamorphoser en « ogresse et se jeter sur les hommes jus- « qu'à ce qu'on la lie et la garrotte ». *Les sorciers Azjer étaient également célèbres au temps d'Edrisi. Les ogres* (aouarzeniou, amez) *jouent un rôle considérable dans les contes fantastiques berbères : tantôt on peut les considérer comme un souvenir d'une population antérieure, ou du moins d'une race professant un culte disparu, comme les* Djohala (païens) *ou les* Iroumien (chrétiens); *tantôt ce sont des êtres purement mythologiques, analogues aux* ghoules *et aux* 'afrites *des Arabes, gardiens de l'eau de la vie, de la pomme de jeunesse et d'autres talismans; parfois, lorsqu'un enchantement est rompu, ils dépouillent leur peau d'ogre pour vivre en honnêtes musulmans. Les* djinns *et les* fées *sont aussi fréquemment cités, mais il est difficile de faire la part de l'élément purement berbère dans ces contes dont beaucoup ont été empruntés aux Arabes. Cependant on peut admettre que les légendes locales, ayant pour théâ-*

tre une montagne, une grotte et surtout une source, soit dans le Tell, soit dans le Sahara, ont un fonds berbère, malgré de nombreux traits empruntés à la mythologie musulmane.

Les trésors et leur découverte sont le sujet de nombreux récits; Léon l'Africain et Marmol ont déjà, au xvie siècle, raconté les nombreuses et infructueuses tentatives des chercheurs de trésors. C'est d'ailleurs une maladie endémique dans toute l'Afrique septentrionale où elle existait avant l'apparition des Arabes. Sous le règne de Néron, un Carthaginois du nom de Césellius Bassus, prétendit, sur la foi d'un songe, retrouver dans une caverne, les trésors dérobés par la reine Didon, à l'avidité du Numide Iarbas; mais toutes les recherches furent inutiles et Césellius échappa par le suicide à la colère de l'empereur. (Tacite, Annales, l. XVI, 1-3.) Lorsque les Arabes conquirent l'Egypte, les monuments des Pharaons, hypogées, pyramides, naos, etc., dont la destination leur était inconnue, leur parurent autant de dépôts de richesses, gardés par des génies que représentaient les innombrables statues d'hommes, de sphinx et de divinités. De nombreuses descriptions de trésors souterrains nous ont été conservées, surtout dans l'ouvrage intitulé les Merveilles de l'Égypte, *traduit par P. Vattier et dans le* Khit'at' *de Maqrizy (cf. aussi Trébutien,* Contes inédits des Mille et une Nuits, *t. III, p. 340-365). Les choses furent poussées au point qu'il se forma des corporations de chercheurs de trésors que la trouvaille de quelques bijoux dans un tombeau suffisait à tenir en haleine (cf. Roorda,* Abu'l Abbasi Amedis, Tulonidarum primi, vita et res gesta, *p. 33). Le métier n'était pas toujours sans danger et le souvenir a été conservé de ceux qui, perdus dans les dédales et les labyrinthes d'une construction souterraine, avaient disparu ou en étaient revenus fous, punition infligée, disait-on, par le génie gardien des trésors (cf. Marcel,* Contes du cheïkh El Mohdy, *t. II, p. 323). Les traditions yéménites parlent aussi de dépôts de ce genre enlevés à la curiosité des hommes : on prétendit, au temps du khalife Abou Bekr, avoir retrouvé le tombeau et l'épée de 'Ad (cf. El Abchihi,* Mostat'ref, *t. I, p. 119). Le paradis d'Irem, Irem aux colonnes, construit par Cheddâd, fils de 'Ad, qui voulait rivaliser avec Dieu, et disparu lors de l'anéantissement des 'Adites, fut visité au temps de 'Omar, disent les uns, de Mo'aouyah, suivant d'autres. La plupart de ces légendes sont dues au juif converti Ka'ab al Ahbar, qui mit au service de ses nouveaux coréligionnaires, sa science de mauvais aloi et les rêveries ridicules de ses anciennes superstitions (cf.* Mostatref, *t. II, p. 169;* Mille et une Nuits, *éd. de Breslau, t. VIII, p. 539-540; Mas'oudi,* Prairies d'or, *t. IV, p. 88 89). Je ne fais que mentionner les villes fabuleuses en airain, en cuivre ou en or, perdues dans le Sahara, mais où parvinrent Ifriqos, Dzou'l Qarnaïn* (Alexandre) *et Mousa ben Nos'aïr (Mas'oudi.* Prairies d'or, *t. IV, p. 95;* Mille et une Nuits, *éd. de Breslau, t. VI, p. 487-506, etc). Dans le Maghreb, les ruines romaines et berbères ont également frappé l'imagination des indigènes; au* XIIIe *siècle de notre ère, El Qazouini racontait la lé-*

gen.le suivante à laquelle avaient donné naissance les monuments de Cherchel : « Les ruines qu'on voit à Cherchel sont « celles d'un palais construit par un roi « pour son fils, à qui les astrologues « avaient prédit qu'il mourrait de la pi- « qûre d'un scorpion. Le prince fit bâtir « le palais en pierre, pour que ces ani- « maux ne pussent s'y reproduire, ni s'y « introduire à cause du poli des colonnes « (qui soutenaient l'édifice). Mais un jour, « on apporta un panier de raisins dans « lequel se trouvait un scorpion. Le « jeune prince, en voulant prendre un « fruit, fut piqué et mourut ». *Faut-il voir ici un souvenir de l'aspic de Cléopâtre dont la fille, Cléopâtre Sélénè, épousa le roi Juba?*

Mais ce sont surtout les trésors qu'on suppose cachés dans les ruines, qui sont le sujet des traditions du pays. On connaît celles relatives au monument appelé Tombeau de la Chrétienne, *entre Alger et Cherchel (cf.* Marmol, L'Afrique, *t. II, l. V, ch.* XXXIV, *p. 395;* Mornand, La vie arabe, *ch.* XIII; M*'* L'Algérie, *p. 102-108;* Berbrugger, Le Tombeau de la

Chrétienne, *p. 31.39, etc.); les* Djedars, *dans le département d'Oran, et le* Medghasen, *dans celui de Constantine, passent également pour conserver les richesses des anciens habitants du pays. Seuls, les Marocains, surtout ceux originaires du Sous, et les chrétiens, possèdent, au dire des indigènes, les connaissances suffisantes en sorcellerie pour venir à bout des gardiens mystérieux des richesses souterraines (cf. sur les magiciens marocains, Trumelet,* Les saints de l'islam, *ch.* VII; *Léon l'Africain,* De Africæ descriptione, *t. I, p. 351). Les Européens sont, paraît il, les rivaux les plus redoutables des Maugrebins sur ce terrain (cf. l'aventure d'un t'aleb marocain et de trois indigènes d'Alger, dans les ruines de Rusgunia,* Revue africaine, *t. I, p. 129;* Certeux et Carnoy, l'Algérie traditionnelle, *t. I, p. 62-63, 75-76, et l'anecdote personnelle citée par M. Mac Carthy :* Algeria romana, *p. 62-63). Pendant mon séjour à H'oumt es Souq, dans l'île de Djerba, en 1882, un indigène qui m'avait vu rechercher et copier des inscriptions arabes, vint me signaler un trésor enfoui à El Qant'ara, dans le sud de l'île, où l'on a fait depuis des découvertes importantes. Il me proposait de faire lui-même les frais des fouilles, me demandant seulement d'écarter les djinns par les connaissances en magie qu'il me supposait. Les bénéfices de l'entreprise devaient être partagés par moitié. Sur mon refus, il m'offrit les deux tiers, puis les trois quarts et, à la fin, partit persuadé que je me réservais de faire passer le trésor complet en France par des moyens surnaturels. La même superstition à l'égard des Européens semble exister en Orient; cf. l'histoire de l'Arménien Chat'ir et du Franc Sari-Salté (le soldat aux cheveux roux), déguisé en derviche, à Bégirid, dans la province de Van (Jaba, Recueil de notices et récits kurdes, p. 77). Cette maladie mentale n'épargne pas les colons européens, et de temps en temps, les journaux algériens signalent les tentatives des émules de Césellius Bassus pour retrouver les trésors de Jugurtha ou de Barberousse (cf. Bourde, A travers l'Algérie, p. 55-57).*

Comme dans toutes les littératures, les Berbères ont des fables et des contes d'animaux, où naturellement le chacal joue un grand rôle. Le renard n'y paraît pas, bien qu'il existe en Algérie et porte même un nom kabyle indigène. Toutefois le chacal, si habile qu'on le représente, ne laisse pas d'être dupé en maintes circonstances, et l'on dirait que le narrateur berbère aime à voir le plus rusé des animaux tomber dans les pièges que lui tendent le coq, la perdrix ou le hérisson,

Car c'est double plaisir de tromper un trompeur.

Le hérisson est l'un des principaux personnages de cette comédie des animaux, à cent actes divers. *Est-ce le service qu'il rend en détruisant les reptiles qui lui a valu, de la part des indigènes, la place importante qu'il occupe? Mas'oudi* (Prairies d'or, t. II, p. 56-57) *rapporte que pour cette raison, les habitants du Sedjestan témoignaient au hérisson le même respect que les gens du Yémamah à l'irbid et les Egyptiens à l'ichneumon. Les autres animaux ont le même caractère que dans les fables européennes : remarquons cependant en passant, que le lièvre, comme chez les Ouolofs et les Zoulous, a la ruse en partage. Quant aux êtres fantastiques,* griffons (*'anqa*) *et* nims *appartiennent sans doute à la zoologie fabuleuse des Arabes. Le dernier, disent les Beni Menacer est* « le plus rapide des animaux créés par Dieu : le lion le craint, et rien qu'en entendant son nom, il commence à trembler. » *Cet animal fabuleux* « (que personne n'a jamais vu), tient du crocodile et du chat. » *En Orient, ce nom de* nims *s'applique à l'ichneumon qui, dans quelques traditions populaires, est non moins fantastiquement décrit : on lui donne* « la tête d'un homme, le corps d'une bête féroce, les pieds d'un serpent, les ailes de l'aigle et deux cornes (*Legrand, Le Physiologus ch.* xi).

Il me reste à faire connaître les sources écrites et orales où j'ai puisé pour ce volume.

Au commencement de ce siècle, l'Américain Hodgson, se trouvant à Alger, *recueillit des contes et des chansons en Zouaoua. Son manuscrit existe à la Société asiatique de Paris, et la Bibliothèque nationale en possède une copie faite par J.-D Delaporte (fonds berbère ms. n° 1). De celui ci sont tirés les n°s 7, 57 et 61 auquel j'ai joint le n° 47, publié par Hodgson dans un recueil excessivement rare.*

Les n°s 4, 5, 6, 11, 12, 23, 27, 31, 35, 45, 47, 55, 59, 60, 62, 63, ont été traduits sur le ms. n° 17 (Bib. nationale, fonds berbère) renfermant la collection des contes rassemblés par le P. Rivière et les autres missionnaires de Kabylie, et d'où le premier a tiré le volume publié en 1882 dans cette collection.

En 1883, lorsque j'étais à Frenda, j'obtins du fils de l'ex-qaïd de Bou Semghoun, interné avec son père pour participation à l'insurrection du Sud Oranais, une série de récits en dialecte des Qsours, (Bou Semghoun) auxquels appartiennent les n°s 24, 25, 26, 30, 34, 38, 39, 41, 43, 44 et 54. Cette collection fut complétée par celle que me dictèrent la même année à Tlemcen deux tailleurs, venus, l'un de 'Aïn Sfsifa, l'autre de Figuig. Ce sont les n°s 10, 13, 29, 36, 49, 52.

En quittant Tlemcen, je me rendis au Maroc, et à Tétouan, je recueillis, de la bouche d'un indigène de Massat, établi dans cette ville, un grand nombre de légendes d'où j'ai tiré les n°s 17, 28, 32, 37, 40, 56 et 58. Les n°s 48 et 51 m'ont été dictés à Oran par un Berbère du Sous.

En 1884 et 1885, pendant mon séjour à Cherchel, le fils du qaïd des Smian me fournit les contes suivants en dialecte des Beni Menacer : n°s 1, 3, 14, 16, 20, 21, 22, 23, 42.

Des textes recueillis pendant ma mission de 1885 au Mẓab, à Ouargla et à Touggourt, j'ai extrait les n°s 2, 9, 18, 19, 50, 53.

Comme on le voit, la plus grande partie du volume est consacrée aux contes des Zouaouas, des Beni Menacer, des Chelhas du Sous marocain et des Qsouriens du Sud Oranais. La prochaine série comprendra surtout des contes du Mẓab, de Ouargla, de l'Oued Righ, de

Taroudant, de l'Oued Noun, du Sous et des Zouaouas.

<blockquote>Lunéville (Meurthe et Moselle)
19 octobre 1886.</blockquote>

INDEX

DES AUTEURS CITÉS DANS LA PRÉFACE
LES NOTES ET L'APPENDICE

El Abchihi. *Le Mostat'ref*, texte arabe. Boulaq, 1292 hég. 2 vol. in-4°.

Abou Mohammed Abdallah ibn Sa'îd el Yafi'i. *Raoudh er Riahin fi hikaiat eç çalihin*. Boulaq, 1302 hég. in-4°.

Abstemius. *Fabulæ*. Apud Nevelet. *Fabulæ variorum auctorum* Francofurti. 1660, in-8°.

Adam. *Les patois lorrains*. Nancy, 1881, in-8°.

Æsopi Phrygis et aliorum. *Fabulæ*. Lyon, 1543, in-12.

Afanasiev. *Narodnyia rousskiia skazki*. Moscou, 1863, 8 vol. in-8°.

Alf leïla oua leïla, texte arabe. Boulaq, 1302 hég. 4 vol. in-8°.

Ali tchélébi *Humayoun Nameh*, texte turk. Boulaq, 1251 hég. in-4º.

Von Alpenburg. *Mythen und Sagen Tirols*. Zurich, 1857, in-8º.

Anthologie grecque (collection Tauchnitz). Lipsiæ, 3 vol. in-16.

D'Anville. *Du rempart de Gog et Magog* (*Mémoires de l'Académie des Inscriptions*, ancienne série, t. XXXI).

Aphtonius. *Fables*. Apud Nevelet. *Fabulæ variorum auctorum*. Francofurti, 1660, in-8º.

Apollodore. *Bibliothèque* (collection Tauchnitz). Lipsiæ, 1852, in-16.

Apulée. *Œuvres complètes*, éd. et trad. par Bétolaud, Paris, 1862, 2 vol. in-18 jés.

Aristophane. *Comédies*, éd. Bergk (coll. Teubner). Lipsiæ, 1867, 2 vol. in-12.

Arriani, etc. *Opera quæ supersunt*, éd. Müller. Paris, 1846, in-8º.

Asbjœrnsen. *Norske huldre Eventyr og Folkesagn*. Christiania, 1870, in-8º.

Athenæum français, 1856, in-4º.

Babrios. *Fables*, éd. Fix. Paris, 1847, in-12.

Baissac. *Étude sur le patois créole mauricien*. Nancy, 1880, in 12.

Miss Bartle Frere. *Old Deccan days*. London, in-8º

Basile. *Der Pentamerone oder das Mærchen aller Mærchen*, übertragen von F. Liebrecht. Breslau, 2 vol. in-16.

René Basset. *Relation de Sidi Brahim de Massat.* Paris, 1883, in-8°.

— *Contes arabes. Histoire des Dix Vizirs.* Paris, 1883, in-12.

— *Notes de lexicographie berbère,* IIe série. *Dialecte des Beni Menacer.* Paris, I. N., 1885, in-8°

— *Documents géographiques sur l'Afrique septentrionale* (Bulletin de la Société de Géographie de l'Est, 1884-85).

— *Notes de lexicographie berbère.* IIIe série, *Dialecte des K'çours* Paris, 1886, I. N., in-8°.

— *Recueil de textes et de documents relatifs à la philologie berbère.* (Bulletin de Correspondance africaine, 1885).

— *Manuel de langue kabyle,* Paris, 1887, in-8°.

Behrnauer. *Die Vierzig Veziere oder die weisen Meister.* Leipzig, 1851, in-8°.

El Bekri. *Description de l'Afrique septentrionale,* trad. par De Slane. Paris, 1859, in 8°.

Belkassem ben Sedira. *Cours pratique d'arabe vulgaire.* Alger, 1878, in-12.

— *Cours de littérature arabe.* Alger, 1879, in-12.

Belletête. *Contes turcs extraits des Quarante Vizirs.* Paris, 1812, in-4°.

Benfey. *Pantschatantra, fünf Bücher indischen Fabeln. Mærchen und Erzæhlungen.* Leipzig, 1859, 2 vol. in-8°.

— *Orient und Occident.* Gœttingen, 1862-64, 3 vol. in-8°.

Berbrugger. *Voyages dans le sud de l'Algérie et des États barbaresques par El Atachi et Moula Ah'med.* Paris, 1846, in-4º.

— *Le Tombeau de la Chrétienne.* Alger, 1867, in-8º

Béranger-Féraud. *Contes populaires de la Sénégambie.* Paris, 1885, in-18.

Bernoni. *Tradizioni popolari veneziani.* Venise, 1875, in-8º.

Biblia hebraïca ex recension Aug. Hahnii. Lipsiæ, 1838, in-12.

Bickell. *Kalilag und Damnag, alte syrische Uebersetzung des indischen Fürstenspiegels.* Leipzig, 1876, in-8º.

Bleek. *Reineke Fuchs in Africa.* Weimar, 1870, in-8º.

Bourde. *A travers l'Algérie.* Paris, 1880, in-12.

Bresnier. *Anthologie arabe.* Alger, 1853, in-18.

— *Cours théorique et pratique de langue arabe,* Alger, 1855, in-8º.

Brockhaus. *Kathasaritsagara, die Mærchensammlung des Somadeva Bhatta aus Kaschmir.* Leipzig, 1843, 2 vol. in-12.

Buchon. *La Grèce continentale et la Morée.* Paris, 1843, in-12.

Bulletin de Correspondance africaine, publié par l'École des Lettres d'Alger. Alger, 1882-85, 3 vol. in-8º.

Bulletin de la Société de Géographie. Paris, in 8º.

Bulletin de la Société de Géographie de l'Est. Nancy, in-8º.

Camoens. *Os Lusiadas.* Paris, in-18 jés.

Campbell. *West Higlands popular tales.* Edimbourg, 1860, 4 vol. in-8º.

Cardonne. *Mélanges de littérature orientale.* Paris, 1772, 2 vol. in-12.

Carmoly. *Paraboles de Sendabar sur les ruses des femmes.* Paris, 1849, in-8º.

H. Carnoy. *Littérature orale de la Picardie.* Paris, 1883, pet. in-8º.

P. Cassel. *Drachenkæmpfe.* Berlin, 1868, in-8º.

A. Certeux et A. Carnoy. *L'Algérie traditionnelle*, t. I. Paris, 1884, in-8º.

Chassang. *Histoire du roman dans l'antiquité grecque et latine.* Paris, 1862, in-12.

A. Cherbonneau. *Exercices pour la lecture des manuscrits arabes.* Paris, 1853, in-8º.

— *Leçons de lecture arabe.* Paris, 1864, in-12.

Chodzko. *Chants historiques de l'Ukraine.* Paris, 1879, in-8º.

Clermont-Ganneau. *Horus et Saint-Georges.* Paris, 1876, in-8º.

Conon, Ptolémée et Parthenius. *Narrationes amatoriæ*, éd. Teucher. Lipsiæ, 1802, in-8º.

Coronedi-Berti. *Novelle popolari bolognesi.* Bologne, 1874, in-8º.

E. Cosquin. *Un problème historique à propos du conte des Deux-Frères.* Paris, 1877, in-8º.

— *Contes populaires de Lorraine*. Paris, 2 vol. in-8º, s. d., (1886).

Creuzat. *Essai de dictionnaire français-kabyle*. Alger, 1873, in-12.

Dastugue. *Hauts plateaux et Sahara de l'Algérie occidentale* (Bulletin de la Société de Géographie, février 1874).

Daumas. *Le Sahara algérien*. Paris, 1845, in-8º.

— *Le grand désert*. Paris, 1856, in-18 jés.

Decourdemanche. *Fables turques*. Paris, 1882, in-18.

Delaporte. *Spécimen de langue berbère*. Paris, s. d., in-fº.

Ed Demiri. *Haïat el H'aïouân*, texte arabe. Boulaq, 1292 hég. 2 vol. in-4º.

Desbillons. *Fabulæ Æsopiæ*. Paris, 1778, in-12.

Ch. Deulin. *Contes d'un buveur de bière*. Paris, 1877, in-12.

M. Devic. *Le pays des Zendjs*. Paris, 1883, in-8º.

Diodore de Sicile. *Bibliothèque historique* (collect. Teubner), éd. Dindorf. Lipsiæ, 5 vol. in-12.

Dozon. *Contes populaires albanais*. Paris, 1881, in-18.

Dubois, *Le Pantchatantra ou les Cinq Ruses*. Paris, 1826, in 8º.

Dulac. *Contes arabes en dialecte d'Egypte* (Journal asiatique, janvier 1885).

Al. Dumas. *L'homme aux contes*. Paris, 1878, in-12.

E. Duméril. *Poésies inédites du moyen âge*, précédées d'une histoire de la fable ésopique. Paris, 1854, in-8º.

V. Duruy. *Histoire grecque.* Paris, 1873, in-18 jés.

C. Duvernois. *L'Algérie pittoresque.* Paris, 1864, in-12.

Duveyrier. *Les Touaregs du Nord.* Paris, 1864, gr, in-8º.

— De Mogador au Djebel Tabayoudt *(Bulletin de la Société de Géographie,* décembre 1875).

Eberhardt. *Fabulæ romanenses græcè conscriptæ* (coll. Teubner). Lipsiæ, 1872, in-12.

El Edrisi. *Description de l'Afrique et de l'Espagne,* éd. Dozy et de Goeje. Leyde, 1866, gr. in-8º,

Erlenwein. *Narodnyia skazki sobrannyia selskimi outchiteliami.* Moscou, 1863, in-8º.

Étienne de Bourbon. *Anecdotes historiques, légendes et apologues.* Ed. Lecoy de la Marche. Paris, 1881, in-8º.

Eustathe. *Commentaire sur l'Hexœmeron (Bibliotheca maxima patrum.* Lyon, 1677, in-fº).

Ey. *Harzmærchenbuch.* Stade, 1862, in-8º.

Fabulæ æsopicæ, éd. Halm (coll. Teubner). Lipsiæ, 1872, in-12.

Ferdousi. *Le Livre des rois,* trad. par J. Mohl. Paris, 1877-78, 7 vol. in-8º.

Fiore di Virtù con annotazioni di B. Fabricatore. Naples, 1857.

Flaubert. *Trois contes.* Paris, 1877, in-12.

Folklore Journal. London, in-8º.

Fryer. *Book of english fairy tales* London, 1884, in-12.

Gaal und Stier. *Ungarische Volksmærchen.* Pest, 1857, in-8°.

Gabrias. *Les Quatrains*, éd. et trad. par Laprade. Paris, 1853, in-12.

Galland. *Les Mille et une nuits.* Paris, 1869, 3 vol. in-12.

P. de Gayangos. *Escritores en prosa anteriores al siglo* xv (forme le tome LI de la *Bibliotheca Rivadeneyra*). Madrid. 1859, gr. in-8°.

Gesta Romanorum, éd. A. Keller. Stuttgardt, 1842, in-8°.

L. Godard. *Description et histoire du Maroc.* Paris, 1860, 2 vol. in-8°.

Gottschalck. *Die Sagen und Volksmærchen der Deutschen.* Halle, 1814, in-8°.

Graberg de Hemsœ. *Specchio dell' impero di Marocco.* Gênes, 1834, in-8°.

— *Remarks on the language of the Amazirgs.* London, 1836, in-8°.

Graf. *Roma nella memoria e nelle imaginazioni del medio evo*, 1883, 2 vol.

Gregor. *Stories of fairies from Scottland (Folklore Journal,* 1883).

Von Gutschmid. *Ueber die Sage vom heiligen Georg als Beitrag zur iranischen Mythengeschichte.* Leipzig, 1861, in 8°.

Grimm. *Kinder-und Hausmærchen.* Berlin, 1880, in-8°.

A. de Gubernatis. *La Mythologie des plantes.* Paris, 1878-82, 2 vol. in-8º.

Græsse. *Die beiden œltesten lateinischen Fabelbücher des Mittelalters : Des Bischofs Cyrillus speculum sapientiæ und des Nicolaus Pergamenus dialogus creaturarum* Tübingen, 1880, in-8º.

Habicht. *Tausend und eine Nacht,* arabisch. Breslau, 1825-43, 12 vol. pet in-8º.

Von Hahn. *Griechische und albanesische Mœrchen* Leipzig, 1864, 2 vol. in-8º.

Haldtrich. *Deutsche Volksmœrchen aus dem Sachsenlande in Siebenbürgen.* Vienne, 1885, pet. in-8º.

Hanoteau. *Essai de grammaire kabyle.* Alger, 1859, in-8º.

— *Essai de grammaire tamachek'.* Paris, 1860, I. I., in-8º.

— *Poésies populaires de la Kabylie du Jurjura.* Paris, I. I., 1867, in-8º.

Hariri. *Séances* avec le commentaire de S. de Sacy, 2ᵉ édition. Paris, I. I., 1853, 2 vol. in-4º.

Harivansa ou Histoire de la famille de Hari, trad. Langlois. Paris, 1834-35, 2 vol. in-4º.

Philibert Hégémon. *La Colombière ou maison rustique.* Paris, 1583, in-12.

D'Herbelot. — *Bibliothèque orientale.* La Haye, 1777-79, 4 vol. in-4º.

Hérodote. *Histoires* (coll. Teubner), éd. Dietsch. Lipsiæ, 1874, 2 vol. in-12.

Herrig. *Archiv für das Studium der neueren Sprachen.* Braunschweig.

Hodgson. *Grammatical sketch and Specimens, of the berber language.* Philadelphie, 1834 in-4º.

Hommel. *Die æthiopische Uebersetzung des Physiologus.* Leipzig, 1877, in-8º.

Hussein Vaiz Kachefi. *Anvar i Soheili,* texte persan, éd. Ouseley. Hertford, 1851, in-4º.

H. Husson. *La chaîne traditionnelle.* Paris, 1874, in-8º.

Iken. *Touti-Nameh von Nechschebi.* Stuttgardt, 1822, in-8º.

C. Imbault-Huart. *Miscellanées chinois (Journal asiatique,* 1881).

Imbriani. *La Novellaja fiorentina..... è la Novellaja milanese.* Livourne, 1877, in-8º.

Jaba. *Recueil de notices et récits kourdes.* Saint-Pétersbourg, 1860, in-8º.

Jagic. *Archiv für slavische Philologie.* Berlin.

Jean de Capoue. *Directorium humanæ vitæ,* éd. Puntoni. Pise, 1884, in-8º.

Saint Jérôme. *Commentaire sur Ezéchiel* (Opera edita a Domenico Vallarsio. Vérone, 1731-40, 7 vol. in-fº).

— *Vies de saint Paul ermite, de saint Hilarion et de saint Malchus,* éd. et trad. par Z. Collombet. Lyon, 1840, in-8º.

Josèphe. *Œuvres* (collect. Teubner), éd. Bekker. 6 vol. in-12. Lipsiæ.

Journal asiatique. Paris, in-8º.

Jülg. *Kalmükische Mærchen; Die Mærchen des Siddhi kür*. Leipzig, 1866, in-8º.

St. Julien. *Contes et apologues indiens*. Paris, 1860, 2 vol. in-12.

Kalilah et Dimnah, texte arabe. Boulaq, 1249 hég. in-4º.

Ibn Khaldoun. *Histoire des Berbères*. Alger, 1852-56, 4 vol. in-8º.

Ibn Khordadbeh. *Le livre des routes et des provinces*, éd. et trad. par C. Barbier de Meynard (*Journal asiatique*, 1865, t. I).

Kluge. *Hannonis navigatio*. Lipsiæ, 1829, in-8º.

Knœs. *Chrestomathia Syriaca*, Gœttingen, 1807, in-12.

G. A. Krause. *Proben der Sprache von Ghat in Sahara (Mittheilungen der Riebeck'schen Niger-Expedition*, 2ᵉ partie). Leipzig, 1884, in-8º.

Krauss. *Sagen und Mærchen der Süd-Slaven*. Leipzig, 1883-84, 2 vol. in-8º.

A. Kuhn. *Mærkische Sagen und Mærchen*. Berlin, 1843, in-8º

A. Kuhn et Schwartz. *Norddeutsche Sagen, Mærchen und Gebræuche*. Leipzig, 1848, in-8º.

La Fontaine. *Fables* (t. I des *Œuvres complètes*. Paris, 1875, 3 vol. in-18 jés.).

Laisné de la Salle. *Croyances et légendes du centre de la France*. Paris, 1875, 2 vol. in-8º.

Lancereau. *Le Pantchatantra ou les Cinq Livres*. Paris, I.-I , 1870, in-8º.

Landsberger. *Die Fabeln des Sophos*. Posen, 1859, in-12,

A. Lang. *Custom and Myth* London, 1885, in-8°.

Langlès. *Fables et contes indiens*. Paris, 1790, in-18.

— *Voyage de Sindbad le marin*, à la suite de Savary. *Grammaire de la langue arabe*. Paris, 1813, in-4°.

V. Largeau. *Flore saharienne*. Genève, 1879, in-8°.

Leclerc. *Les oasis de la province d'Oran*. Alger, 1858, in-8°.

L. Léger *Contes populaires slaves*. Paris, 1882, in-18.

E. Legrand. *Le Physiologus, poème sur la nature des animaux*. Paris, 1873, in-8°.

— *Contes populaires grecs*. Paris, 1881, in-18.

Le Grand d'Aussy. *Fabliaux ou contes*. Paris, 5 vol. in-8°.

F. Lenormant. *Les origines de l'histoire d'après la Bible*. Paris, 1880-84, 3 vol. in-12.

Léon l'Africain. *De Africæ descriptione*. Leyde, 1632, 2 vol. in-32.

Lerch. *Ein Beitrag zu den Localsagen über Drachen Kæmpfe* (Orient und Occident, t. I).

Leroux de Lincy. *Le livre des légendes*. Paris, 1836, in-8°.

Leskien et Brugman. *Litauische Volkslieder und Mærchen*. Strasbourg, 1882, in-8°.

Israel Lévi. *Trois contes juifs*. Paris, 1885, in-8°.

Sylvain Lévi. *La Brihatkathamanjari de Kshemendra* (*Journal asiatique*, 1885, t. II).

Libro de novelle antiche. Bologne, 1868, pet. in-8°.

F. Liebrecht. *Zur Volkskunde.* Heilbronn, 1879, in-8°.

Loqman. *Fables*, éd. Cherbonneau. Paris, 1875, in-12.

Lucien. *Œuvres*, éd. Jacobitz (coll. Teubner). Lipsiæ, 3 vol. in-12.

C. Lucilius, Lucilius Junior, Saléius Bassus, Corn. Severus, Avianus, etc. *Œuvres*, éd. et trad. par Corpet et Chenut. Paris, 1845, in-8°.

Lycophron. *Alexandra*, éd. Bachmann. Lipsiæ, 1830, in-8°.

Lyoner Ysopet, éd. Fœrster (formele, t. V de l'*Altfranzœsische Bibliothek* de W. Fœrster). Heilbronn, 1882, in-8°.

M*** *L'Algérie, Landscape africain.* Paris, s. d. in-16.

O. Mac-Carthy. *Algeria romana.* Alger, 1857, in-8°.

Machuel. *Méthode pour l'étude de l'arabe parlé*, Alger, 1880, in-12.

Maçoudi. *Les Prairies d'or*, éd. et trad. par C. Barbier de Meynard et Pavet de Courteille. Paris, I.-I. et N., 1861-77, 9 vol. in-8°.

El Maqrizy. *Kitáb el maoud'izh oua'l i'tibár fi dzikr el Khit'at' oua'l athár.* Boulaq, 1270 hég, 2 vol. in-°f.

Marc Monnier. *Les contes populaires en Italie.* Paris, 1880, in-12.

Marcel. *Contes du cheikh el Mohdy.* Paris, 1835, 3 vol. in-8°.

C. Marelle. *Contes et chants populaires français.* (Herrig's, *Archiv für Studium der neueren Sprachen*, 1876).

Marmol. *L'Afrique*, de la traduction de Perrot. sieur d'Ablancourt. Paris, 1667, 3 vol. in-4°.

Maspéro. *Nouveaux fragments d'un commentaire sur le second livre d'Hérodote.* Paris, 1879, in-8°.

— *Contes populaires de l'Égypte ancienne.* Paris, 1882, pet. in-8°.

Maspons y Labros. *La Rondallayre*, cuentos populars. Barcelona, 1871 et suiv. 4 vol. in-12.

Masqueray. *Voyage dans l'Aouras.* (*Bulletin de la Société de géographie*, juillet 1876).

— *Tradition de l'Aouras occidental.* (*Bulletin de Correspondance africaine*, 1885).

Me'ani el adab. Beyrouth, 1885, 6 vol. in-12.

Meier *Deutsche Sagen, Sitten und Gebræuche aus Schwaben.* Stuttgart, 1852, 2 vol. in-16.

P. Meyer. *Alexandre le Grand dans la littérature française au moyen-âge.* Paris, 1886, 2 vol. in-12.

Mille et un jours, éd. Loiseleur de Longchamps. Paris, 1843, in-8°.

A. de Montaiglon. *Les Facécies de Poge, Florentin*, trad. par Guillaume Tardif. Paris, 1878, in-8°.

Mornand. *La vie arabe.* Paris, 1856, gr. in-18.

K. Müllenhoff. *Sagen, Mærchen und Lieder der Herzogthümer Schleswig, Holstein und Lauenburg.* Kiel, 1845, in-8º.

Gh. Nerucci. *Cincelle da bambini iu nella stietta parlatura rustica d'i Montale Pistolese.* Pistoia, 1880. in-8º.

Nouveau Testament, texte grec. Paris, 1830, 2 vol. in-32.

'Omar ben el Ouardi. *Kheridat el 'Adjaïb oua feridat el gharaib.* Boulaq, 1302, hég. in-4º.

F. Ortoli. *Contes populaires de l'île de Corse.* Paris, 1883, pet. in-8º.

Ovide. *Métamorphoses,* éd. et trad. Cabaret-Dupaty. Paris, s. d. in-18 jés.

P. Pâris. *Les aventures de Maître Renart.* Paris, 1861, in-12.

Phædri cum Gudii, Avieni et Faerni *Fabulæ* (coll. Tauchnitz). Lipsiæ, 1868, in-16.

Piesse. *Itinéraire de l'Algérie.* Paris, 1885, in-8º.

Pihan. *Choix de fables et d'historiettes,* trad. de l'arabe. Paris, 1866, in-12.

D. Pitra. *Spicilegium Solesmense* (t. III). Paris, 1853.

G. Pitré. *Fiabe, novelle i racconti popolari siciliani* Palerme, 1875, 4 vol. in-8º.

— *Novelle popolari toscane.* Florence, 1885, in-8º.

Platon. *Laches, Charmides, Alcibiades I et II,* éd. Stallbaum (*Bibliotheca græca* de Jacobs). Lipsiæ, 1857, in-8º.

Polybe. *Histoires* (coll. Teubner), éd. Dindorf. Lipsiæ, 4 vol. in-12.

Prato. *Novellina popolare monferrina.* Côme, 1882, in-8º.

Proehle. *Kinder-und Volksmærchen.* Leipzig, 1853, in-8º.

A. de Puibusque. *Le comte Lucanor.* Paris, 1854, in-8º.

De Puymaigre. *Romanceiro, choix de vieux chants portugais.* Paris, 1881, in-18.

El Qazouini. *'Adjáib el Makhlouqát oua Athar el bilâd,* éd. Wüstenfeld. Gœttingen, 1848, in-8º.

Qorân, éd. Fluegel. Lipsiæ, 1834, in-4º.

Rabelais. *Œuvres,* éd. Burgaut des Marest et Rathery. Paris, 1870, 2 vol. in-12.

Radloff. *Proben der Volksliteratur der türkischen Stæmme Süd-Sibiriens.* Saint-Pétersbourg ; 4 vol. in-4º, 1866.

Ralston. *Contes populaires de la Russie,* tr. Brueyre. Paris, 1874, in-18 jés.

Rambaud. *La Russie épique.* Paris, 1876, in-8º.

Recueil de farces, soties et moralités du quinzième siècle, pub. par P.-L. Jacob. Paris, 1859, in-18 jés.

Regnerius. *Apologii Phædrii.* Dijon, 1643.

Renou. *Description géographique de l'empire du Maroc.* Paris, 1846, in-4º.

Revue africaine. Alger, in-8º.

Revue critique. Paris, in-8º.

Revue de l'histoire des religions. Paris, in-8º.

Rivière. *Contes populaires de la Kabylie du Jurjura*. Paris, 1882. in-18.

Romulus. *Faoulæ*. A la suite de l'édition de Phèdre par Schwabe. Brunswick, 1806, 2 vol. in-8º.

Roorda. *Abul Abbasi Amedis, Tulonidarum primi, vita et res gestæ*. Leyde, 1825, in-4º.

Roudchenko. *Narodnya iojnorousskiia skazki*. Kiev, 2 vol. in 8º, 1869-70.

Rückert. *Eine persische Erzæhlung* (Zeitschrift der deutschen morgenlændischen Gesellschaft t. XIV, 1860.)

Sanchez. *Coleccion de poesias castellanas anteriores al siglo* xv. Paris, 1842, in-8º.

O. de Sanderval. *De l'Atlantique au Niger par le Foutah-Djallon*. Paris, 1883, in-12.

Schiefner. *Zwei ossetische Thiermærchen* (Mélanges asiatiques de l'Académie impériale de Saint-Pétersbourg, 1864, t. V).

Schleicher. *Litauische Mærchen*. Weimar, 1857, in-8º.

Schœn. *Grammar of the hausa language*. London, 1862, in-8º.

— *Dictionary of the hausa language*. London, 1876, in-8º.

— *Hausa reading book*. London, 1877, in-8º.

Schott. *Walachische Mærchen* Stuttgardt, 1845, in-8º.

W. Schwartz. *Ursprung der Mythologie*. Berlin, 1860, in-8º.

P. Sébillot. *Contes populaires de la Haute-Bretagne*, 1ʳᵉ série, Paris, 1880, in-12.

— *Contes populaires de la Haute-Bretagne*, 2ᵉ série. *Contes des paysans et des pêcheurs.* Paris, 1881, in-12.

— *Contes populaires de la Haute-Bretagne*, 3ᵉ série. *Contes des marins.* Paris, 1882, in-12.

— *Contes des provinces de France.* Paris, 1884, gr. in-18.

J. Sibree junior. *Malagasy Folk-tales* (*Folk lore Journal*, 1884).

K. Simrock. *Deutsche Mærchen.* Stuttgardt, 1864, in-8º.

Socrate et Sozomène. *Histoire ecclésiastique* (*Patrologia græca* de Migne, t. LXVII). Paris, 1864, in-4º.

Sommer. *Sagen, Mærchen und Gebræuche aus Sachsen und Thüringen.* Halle, 1846, in-12.

Spiegel *Die Alexandersage bei den Orientalen.* Leipsig, 1851, in-8º.

— *Erânische Alterthumskunde.* Leipzig, 1878, 3 vol. in-8º.

Spitta-bey, *Contes arabes modernes.* Leyde, 1883, in-8º.

Stahl. *Westphælische Sagen und Geschichten.* Elberfeld, 1831, 2 vol. in-12.

Stark. *Specimen sapientiæ Indorum veterum.* Berlin, 1697, in-8º.

Stier. *Ungarische Sagen und Mærchen.* Berlin, 1850, pet. in-8º.

Maive Stokes. *Indian fairy tales*. London, 1880, in-8º.

Strabon. *Géographie*, éd. Meineke (coll. Teubner). Lipsiæ, 1866, 3 vol. in-12.

Tacite. *Libri qui supersunt*, éd. Halm (coll. Teubner). Lipsiæ, 2 vol. in-12.

Am. Thierry. *S. Jean Chrysostôme et l'impératrice Eudoxie*. Paris, 1874, in-12.

Trébutien. *Contes inédits des Mille et une nuits*. Paris, 1828, 3 vol. in-8º.

Trumelet. *Les Saints de l'islam*. Paris, 1881, in-12.

Valérius Flaccus. *L'Argonautique*, éd. et trad. par J.-J.-A. Caussin de Perceval. Paris, 1836, in-8º.

Vattier. *L'Egypte de Murtadi, fils du Gaphiphe*. Paris, 1666, in-12.

E Veckenstedt. *Wendische Sagen*. Gratz, 1880, in-8º.

Venture de Paradis, *Grammaire et dictionnaire de la langue berbère*. Paris, 1844, in-4º.

Verdizotti. *Cento favole bellissime*. Venezia, 1613, in-8º.

Vergilii opera omnia, éd. Ribbeck (coll. Teubner). Lipsiæ, in-12.

Vogelstein. *Animadversiones quædam ex litteris orientalibus petitæ ad fabulas quæ de Alexandro Magno circumferuntur*. Breslau, 1865, in-8º.

Violier des histoires romaines, éd. Brunet. Paris, 1858, pet. in-8º.

Wagener. *Essai sur les rapports entre les apologues de l'Inde et de la Grèce.* Bruxelles, in-4°.

Weisman. *Alexander, Gedicht des zwœlften Jahrhunderts.* Frankfurt a. M. 1850, 2 vol. in-16.

W. Wolf. *Deutsche Mærchen und Sagen.* Leipzig, 1845, in-8°.

Wright. *Latin stories from Mss. of the thirteenth and fourteenth centuries.* London, 1842, in-8°.

El Ya'qoubi. *Descriptio al Magribi*, éd. de Gœje. Leyde, 1860, in-8°..

Yaqout. *Mo'djem el Boldân*, éd. Wüstenfeld, 1866-71. Leipzig, 6 vol. in-8°.

PREMIÈRE PARTIE

FABLES ET CONTES D'ANIMAUX

CONTES
POPULAIRES BERBÈRES

I

LE CHACAL ET LE HÉRISSON [1]
(Beni Menacer.)

Une fois, le hérisson et le chacal firent amitié. Le premier dit à l'autre : « Combien as-tu de ruses? » — « J'en ai cent et la moitié d'une », répondit le chacal, et il lui demanda à son tour : « Combien as-tu de ruses? » — « La moitié d'une. » Ils marchèrent en se promenant sur la route jusqu'à ce qu'ils arrivèrent à un douar au milieu de la nuit. Ils trouvèrent un silo, descendirent tous deux à l'intérieur et mangèrent du blé jusqu'à ce qu'ils furent rassasiés. Le hérisson dit au chacal : « Baisse-toi, pour que je monte sur ta tête et que je regarde. » Le chacal se baissa, le hérisson monta sur son dos, sauta et retomba hors de l'ouverture du silo, laissant le chacal à l'intérieur. Il lui dit : « Sauve-toi (comme tu pourras). Vois, moi qui n'ai que la moitié d'une ruse (je me suis sauvé); toi qui as cent ruses et demie, tu ne peux te tirer du milieu du silo². »

2

LE LIÈVRE ET LE CHACAL [3]
(Mʒab.)

Un lièvre se promenant avec un chacal lui dit : « J'ai une ruse. » Le chacal répondit : « J'en ai 99. » Le lièvre reprend : « Entrons dans le verger pour manger. » Il se mit à manger, et dit à son compagnon : « Mange d'excellentes figues. » — « Que manges-tu ? demanda le chacal. » — « Du raisin. » Ils se séparèrent dans le verger et mangèrent jusqu'à ce qu'ils furent rassasiés. — « Allons, dit le chacal, partons, nous n'avons plus faim. » — « Sors, tu es le plus grand. » — « Sors le premier et vois si le maître du verger n'est pas dehors. » Le lièvre sortit, le chacal resta auprès du trou (sans pouvoir passer) : « Donne-moi un conseil, dit-il, comment vais-je faire ? » — « Moi qui n'ai qu'une ruse je ne puis conseiller celui qui en a 99. » Le lièvre s'enfuit. Le chacal fut pris par le maître du jardin qui lui dit : « Que vais-je te faire à présent ? » — « Ce que la justice décide. » — « Elle veut que tu périsses. » Le chacal reprit : « Que j'aille au moins dire adieu à mes enfants, puis je reviendrai. » — « Donne ta parole. » Le chacal prêta serment, l'homme le lâcha et il s'enfuit.

3

LE LION, LE CHACAL ET L'HOMME [1]

(Beni Menacer.)

Au temps passé, alors que les bêtes parlaient, il existait, dit-on, un laboureur qui possédait une paire de bœufs avec lesquels il travaillait. Il avait coutume de partir avec eux de bon matin, et le soir il revenait avec un bœuf. Le lendemain, il en achetait un autre pour labourer et s'en allait dans la friche, mais le lion venait lui en prendre un et lui en laissait un. Il restait désespéré, cherchant quelqu'un qui le conseillât, quand il rencontra le chacal et lui raconta ce qui se passait entre lui et le lion. Le chacal demanda : « Que me donneras-tu, et je t'en délivrerai. » — « Ce que tu voudras, je te le donnerai. » — « Donne-moi un agneau gras, reprit le chacal ; tu suivras mon conseil : demain, quand le lion viendra, je serai là ; j'arriverai sur cette colline, de l'autre côté ; tu apporteras ta hache bien tranchante et quand je te dirai : « Qu'est-ce « que je vois à présent avec toi, » réponds-moi : « C'est un âne que j'ai pris avec moi « pour porter de l'orge. » Je te dirai : « Je « suis à la recherche du lion et non de « l'âne. » Alors il te demandera : « Qui est-« ce qui te parle ? » Réponds-lui : « C'est le « *nems.* » Il te dira : « Cache-moi, car je le « crains. » Lorsque je te demanderai : « Qui « est-ce qui est étendu là devant toi ? » réponds-moi : « C'est une poutre. » Je te dirai : « Prends ta hache et frappe, pour sa« voir si ce n'est pas le lion. » Tu prendras ta hache et tu le frapperas fort entre les deux yeux. Alors je continuerai : « Je n'ai « pas bien entendu ; frappe-le encore une « fois jusqu'à ce qu'il soit mort réelle« ment. »

Le lendemain matin, le lion vint à lui comme les jours passés, pour manger un bœuf. Quand le chacal le vit, il appela son ami et lui dit : « Qui est-ce qui est avec toi ? » — « C'est une poutre qui est devant moi. » Le chacal reprit : « Attention au lion, je le cherche. » — « Qui parle avec toi, » demanda celui-ci au laboureur. « Le *nems*. » — « Cache-moi », reprit le lion, « car je le crains. » Le laboureur lui dit : « Etends-toi devant moi, ferme les yeux et prends garde de faire un mouvement. » Le lion s'étendit devant lui, ferma les yeux et retint son souffle. Le paysan dit au chacal : « Je n'ai pas vu passer de lion aujourd'hui. » — « Qu'est-ce que je vois étendu devant toi ? » — « C'est une poutre. » — « Prends ta hache, continua le chacal et frappe cette poutre. » Le laboureur obéit et frappa violemment le lion entre les deux yeux. « Frappe fort, dit encore le chacal, je n'ai pas bien entendu. » Il recommença trois ou quatre fois, jusqu'à ce qu'il l'eût tué. Alors il appela le chacal : « Voici, je l'ai tué, tu peux venir pour que je t'embrasse pour le conseil que tu m'as donné. Demain tu viendras ici prendre l'agneau que je te donnerai. » Ils se séparèrent et chacun s'en alla de son côté.

Revenons au paysan. Le lendemain, dès le matin, il prit un agneau, le mit dans un sac dont il ferma l'ouverture, le descendit dans la cour et l'y laissa pendant qu'il allait lâcher les bœufs pour labourer ses parcelles de terre. A ce moment, sa femme délia l'ouverture du sac, mit l'agneau en liberté et le remplaça par un chien. Le paysan prit le sac et s'en alla à son ouvrage. Il attacha ses bœufs et commença à labourer jusqu'à l'arrivée du chacal qui lui dit : « Où est la promesse que tu m'as faite? » — « La voici dans l'intérieur du sac ; va l'ouvrir, tu prendras l'agneau que je te donne. » Il suivit son conseil, entr'ouvrit le sac, vit deux yeux qui brillaient plus que ceux d'un agneau et dit au laboureur : « Mon ami, tu m'as trompé. » — « En quoi t'ai-je trompé? » reprit l'autre; « pour l'agneau, je l'ai mis dans le sac : ouvre-le bien, je ne mens pas. » Le chacal suivit son conseil, il ouvrit le sac, un chien en sortit avec violence. Quant le chacal le vit, il s'enfuit en courant, mais le chien s'élança de près derrière lui et finit par le tuer [5].

4

LE CHACAL ET L'ANE [6]

(Zouaoua.)

Un homme dit un jour à sa femme : « Va mettre un bât sur l'âne, avec une marmite de lait dans un panier, tu y ajouteras des figues et du pain ». L'âne partit et rencontra le chacal qui pleurait. « Que t'est-il arrivé ? » lui demanda-t-il. « Je me suis fait mal à la patte. » L'âne reprit : « Si tu ne veux pas me tromper, je te porterai. » Le chacal monta sur lui, prit la marmite de lait et la but : une goutte tomba sur les oreilles de l'âne. « Tu me trahis, dit celui-ci : c'est le dîner des travailleurs. » Le chacal répondit : « Sans doute, mon pied suppure et il sera tombé une goutte, » puis il mangea le pain. L'âne en reçut une miette sur les oreilles et dit encore : « Tu me trompes, c'est la nourriture des travailleurs. » — « Assurément, répondit le chacal, c'est une croûte desséchée que j'ai cassée, » puis il mangea les figues. La queue d'une d'elles tomba sur l'oreille de l'âne qui dit pour la troisième fois : « Tu me trompes, c'est le dîner des travailleurs. » Le chacal répondit : « C'est une autre croûte que j'ai enlevée. » Quand l'âne arriva à son but, le lait, les figues et le pain avaient disparu. Le chacal sauta à terre dès qu'il rencontra une crête et dit : « Ane, je t'ai joué un tour. »

5

LE CHACAL ET LA PERDRIX [7]

(Zouaoua.)

Le chacal et la perdrix s'étant rencontrés, le premier dit à l'autre : « Qui t'a peinte d'une façon si admirable ? » La perdrix répondit : « Tu deviendras pareil à moi si tu fais ceci : Fixe le ciel jusqu'à ce que tu sois ébloui, et tes yeux brilleront ; jette-toi dans le ravin et tu chausseras des souliers ; sur un ormeau, tu prendras des dattes : dans les fleurs, tu revêtiras une gandoura. » — « C'est ce que je vais faire, dit le chacal : *il se jeta dans le ravin, il se cassa la jambe ; il fixa le ciel et devint aveugle, il sauta sur un ormeau et se tua* [8].

6

LE HÉRISSON ET LE CHACAL [9]

(Zouaoua.)

Le hérisson et le chacal s'associèrent pour cultiver des oignons dans un potager. Quand ils furent mûrs, le hérisson dit à son compagnon : « Je te laisse le choix : prends ce qui est sur la terre ou ce qui est dessous. » Le chacal répondit : « Je prendrai ce qui est dessus » et il alla couper les tiges. Ils semèrent ensuite un champ de blé : quand il fut mûr, le hérisson dit encore au chacal : « Je te laisse le choix : prends ce qui est sur terre ou ce qui est dessous. » — « Cette fois, répondit son compagnon, je prendrai ce qui est dessous. » Le hérisson alla moissonner le champ, battit le blé, il mit ensuite la paille en meule, le grain n'était pas encore dans l'aire. Le chacal lui dit : « Tu m'as trompé, recommençons le partage. » Son compagnon refusa. « Luttons à la course, proposa le chacal ; le premier qui arrivera à l'aire, prendra ce qu'elle contient. » — « Soit, » dit le hérisson ils partirent, mais il plaça son frère à l'intérieur d'un tas de blé et l'y cacha. La course eut lieu ; le chacal trouva le frère du hérisson qui mesurait du blé. « Recommençons, » dit-il. — « Soit. » Ils partirent. Son compagnon prit la place de son frère, et après la course le chacal le trouva encore mesurant du blé et s'en alla [10].

7

L'HOMME, LA VIPÈRE ET LE HÉRISSON [1]

(Zouaoua.)

Un homme trouva une petite vipère : il l'emporta et l'éleva. Quand elle fut devenue grande, elle s'enroula un jour autour de son cou. « Descends, » lui dit-il. Elle refusa. « Allons au tribunal. » — « Cours, » dit-elle. En route ils rencontrèrent un hérisson qui leur dit. « Où allez-vous ainsi ? » L'homme lui répondit : « J'ai élevé cette vipère quand elle était petite : aujourd'hui, elle refuse de descendre. » Là-dessus, une femme apporta du couscouss. « Descends, dit-il, tu mangeras du couscouss. » La vipère descendit, le hérisson dit à l'homme : « Tue-la. » L'autre lui écrasa la tête. Puis comme le hérisson était sage, il se sauva et entra dans un buisson. « Il s'est enfui, dit l'homme, sans cela, je l'aurais emporté pour la nourriture de nos enfants. » — « L'homme est noir de tête, reprit le hérisson : s'il brûle, ne lui donne pas à boire [12]. »

8

LE CHACAL [13]

(*Mzab.*)

Un chacal entra un jour dans un jardin où il mangea des pastèques. Le maître du jardin le surprit : il se sauva vers une colline et revint dans le potager. L'homme le chercha sur la colline, ne le trouva pas et s'en retourna dans son jardin. Le chacal était en train de manger des melons verts. En entendant l'homme venir, il fit le mort. Le maître appela ses voisins et leur dit : « Vous le voyez, il fait le mort, réfléchissez, qu'en ferons-nous. » — « Pends-le à un palmier, lui dirent les voisins : ses cousins le verront et ne viendront plus. » L'homme reprit : « Je vais le jeter dehors. » Il le traîna par la patte, et le lança dehors, le chacal s'enfuit [14].

9

LE CHACAL ET LE COQ [15]

(Ouargla.)

Une fois un chacal arriva : les poules l'entendirent. Il se mit à les poursuivre, le coq s'enfuit et monta sur un arbre. Le chacal lui dit : « N'es-tu pas mon frère ? Viens prier. » Le coq répliqua : « Comment prierais-tu ? Je ne suis pas le moueddin, attends que vienne l'imâm. » — « Qui est l'imâm ? » — « Il arrive, c'est un lévrier. » Le chacal reprit : « Priez, mon ablution n'est plus valable. » — « Nous t'attendrons. » — « Non, priez (sans moi), on ne trouve d'eau qu'à deux ou trois jours d'ici [16]. »

10

LE FAUCON ET LE CORBEAU [17]

(Aïn Sfisifa.)

Un corbeau vint à laisser un fils : un faucon le trouva petit et sans plumes, il lui porta à manger. Quand le jeune corbeau fut grand, le faucon lui dit : « Le Seigneur nous a créés pour travailler pour notre existence : à présent, c'est une obligation pour tout le monde [18]. »

II

POURQUOI LE CORBEAU EST NOIR [19]

(Zouaoua.)

Lorsque Dieu créa le corbeau, il était blanc. Le maître du monde le punit parce que le méchant n'avait pas exécuté ses ordres. Un jour il lui dit : « Voici deux sacs : le premier est rempli d'argent ; le second, de poux. Porte-le sac d'argent aux musulmans et l'autre aux chrétiens. » Le corbeau partit, mais trouvant que le sac d'argent était trop lourd, il le donna aux premiers qu'il rencontra : c'étaient des chrétiens. Il porta le sac de poux aux musulmans. Depuis lors, les chrétiens ont de l'argent et les musulmans des poux. En conséquence, le Seigneur dit au corbeau : « Puisque tu n'as pas accompli mes ordres, tu deviendras noir [20]. »

DEUXIÈME PARTIE

LÉGENDES RELIGIEUSES

12

ORIGINE DU LION, DU CHAT ET DU RAT [21]

(Zouaoua.)

Au temps où notre seigneur Noé construisait l'arche, le sanglier vint la nuit la battre (en brèche) et enleva une planche avec ses défenses. Lorsqu'il se réveilla, notre seigneur Noé vint travailler à son ouvrage, trouva l'arche brisée et la répara. Le lendemain, il la trouva brisée de nouveau et la répara encore. Le troisième jour, le sanglier continua d'agir ainsi. Quand notre seigneur Noé s'en aperçut, il se fâcha, et voulant réparer à la hâte l'endroit brisé, il se blessa à la main. Il creusa un trou dans le sable y fit couler son sang, le recouvrit de terre et s'en alla. Quand son sang fut échauffé par les rayons du soleil, un lion en naquit. Le lendemain, le sanglier voulut agir comme précédemment, mais il trouva le lion qui veillait. Celui-ci lui dit : « Misérable, retire-toi, ou je te tue. » Le sanglier refusa : le lion se jeta sur lui et le dévora : depuis ce temps le lion mange de la chair de sanglier. Les deux animaux étaient dans l'arche de notre seigneur Noé, chacun à sa place : le sanglier éternua; de son éternûment sortit un rat : le lion éternua, de son éternûment sortit un chat, c'est pourquoi le chat mange le rat.

SALOMON ET LE GRIFFON [22]

(Aïn Sfisifa.)

Notre seigneur Salomon causait un jour avec les génies. Il leur dit : « Il est né une fille à Djabersa et un garçon à Djaberka [23] : ce garçon et cette fille se rencontreront, » ajouta-t-il. Le griffon dit aux génies : « Malgré la volonté de la puissance divine, je ne les laisserai pas se réunir. » Le fils du roi de Djaberka vint chez Salomon, mais à peine arrivé, il tomba malade. Le griffon enleva la fille du roi de Djabersa et la porta sur un figuier au bord de la mer. Le vent poussa le prince qui s'était embarqué : il dit à ses compagnons : « Débarquez-moi. » Il alla sous ce figuier et s'y coucha. La jeune fille lui jeta des feuilles, il ouvrit les yeux et elle lui dit : « Outre le griffon, je suis seule ici avec ma mère. D'où viens-tu ? » — « De

Djaberka. » — « Pourquoi, continua-t-elle, le Seigneur n'a-t-il pas créé d'êtres humains excepté moi, ma mère et notre seigneur Salomon ? » Il lui répondit : « Dieu a créé toute espèce d'hommes et de pays. » — « Va, reprit-elle, amène un cheval et égorge-le, apporte aussi du camphre pour dessécher le cuir que tu pendras au haut du mât. » Le griffon revint et elle se mit à pleurer en disant : « Pourquoi ne me conduis-tu pas chez notre seigneur Salomon ? » — « Demain, je t'emmènerai. » Elle dit au fils du roi : « Va te cacher dans l'intérieur du cheval. » Il s'y cacha. Le lendemain, le griffon l'enleva avec le cadavre du cheval et la jeune fille partit. Quand ils arrivèrent chez notre seigneur Salomon, celui-ci dit au griffon : « Je t'avais annoncé que la jeune fille et le jeune homme seraient réunis. » Plein de honte, le griffon s'enfuit sur le champ dans une île [24].

SALOMON ET LE DRAGON [25]

(Beni Menacer.)

On raconte qu'autrefois un dragon descendit dans une source au-dessus de Cherchel [26]; il avait des enfants. Un jour, ceux-ci sortirent par l'ouverture de la caverne pour jouer. Les enfants de la ville arrivèrent, les frappèrent et en tuèrent quatre. Leur père l'apprit, se mit aussitôt en colère et jeta du poison dans l'eau. Tout le peuple de la ville qui en but mourut empoisonné. Les survivants se plaignirent à Salomon. Celui-ci eut pitié d'eux; il partit avec eux, égorgea un coq, prit sa tête, la planta sur la sienne et s'en alla chez le dragon. Il lui donna l'assurance qu'il ne lui ferait pas de mal : « Tu n'auras rien à craindre, tant que cette tête sera sur moi. » Le dragon le crut, plaça la sienne sur le pommeau de la selle, devant Salomon qui se retira en le traînant. Il sortit de son trou, et quand il fut arrivé dans la Metidja, le prince le tua. Il se jeta sur la queue du cheval de Salomon et la coupa ras. Le roi s'enfuit rapidement jusqu'à Hammam Righa [27] ; il ordonna aux djinns de lui chauffer de l'eau et lava le sang du dragon qui avait coulé sur lui [28].

15

SALOMON ET LE VOLEUR D'OIES [29]

(*Chelha du Sous marocain.*)

Un homme alla un jour chez notre seigneur Salomon et lui dit : « Quelqu'un m'a volé des oies, je ne le connais pas. » — « Ne t'inquiète pas, dit Salomon, je le trouverai. » Lorsque les gens furent entrés à la mosquée, le roi leur dit : « Il y a parmi vous un voleur d'oies qui est entré à la mosquée : il a des plumes sur la tête. » Le voleur eut peur et porta la main sur sa tête : Salomon le vit et cria : « Voici le coupable, saisissez-le. »

16

SIDI SMIAN ET SIDI AHMED BEN YOUSEF [30].

(Beni Menacer.)

Au temps passé, à l'époque de Smian, quand celui-ci avait la coutume de couper les routes, il arriva qu'une nuit, il se rencontra avec Sidi Ahmed ben Yousef, monté sur sa mule. Sidi Smian le sourd lui dit : « Descends de ta mule. » Sidi Ahmed répondit : « C'est un mulet et non une mule. » — « C'est un mulet (à moi) qui s'est enfui. Que t'importe, » dit Smian. « Regarde, répliqua Sidi Ahmed, elle est changée. » L'autre regarda la monture et trouva que c'était une mule. Le saint opéra cinq ou six fois la métamorphose de la mule en mulet. A la fin, Smian lui dit : « Mule ou mulet, cette monture est à moi. » — « Va-t'en avec le bien, répliqua Sidi Ahmed, sinon je t'avale. » — « Essaie, » dit Smian. A cette parole, le saint se retourna vers lui, l'avala puis le vomit. « Qu'as-tu trouvé dans mon ventre ? » lui demanda-t-il. « J'ai trouvé une tablette écrite des deux côtés. » — « L'as-tu lue tout entière, ou seulement d'un côté. » — « Je ne l'ai lue que d'un côté. » — « Louange à Dieu, repartit Sidi Ahmed, de ce que tu ne l'as lue que d'un côté. Si tu l'avais lue des deux, tu n'aurais pas laissé de quoi vivre à mes enfants. » — « Va, lui dit Smian, tu mourras enterré dans le fumier des juifs. » — « Va toi-même et non pas moi, répondit Sidi Ahmed; s'il plaît à Dieu, tu vivras désormais dans un pays de tristesse et de poison [31].

AVENTURE DE SIDI MOHAMMED ADJELI ET DE MOULEY MOHAMMED [32]

(Chelha du Sous.)

Un jour Mouley Mohammed [33] manda à Sidi Adjeli de venir à Maroc : sinon il le mettrait en prison. Le saint refusa d'aller à la ville jusqu'à ce que le prince lui eût envoyé son chapelet et son *dalil* comme gages de sûreté. Alors il se mit en route et arriva à Maroc où il ne mangea ni ne but jusqu'à ce que trois jours fussent passés. Le sultan lui dit : « Que désires-tu chez moi? Je te le donnerai. » Sidi Adjeli répondit : « Je ne te demande qu'une chose, c'est de remplir de blé la musette de ma mule. » Le prince appela le gardien et lui dit : « Remplis la musette de sa mule. » Le gardien alla ouvrir la porte du premier grenier et mit du blé dans la musette jusqu'à ce que le premier grenier fut entièrement vidé. Il en ouvrit un autre qui fut également épuisé, puis un troisième et un quatrième et ainsi de suite jusqu'à ce que tous les greniers du roi fussent vidés. Il voulut ouvrir les silos, mais leur gardien alla parler au sultan avec celui des greniers : « Seigneur, dirent-ils, les greniers royaux sont tous vides sans qu'on ait pu remplir la musette de la mule du saint [34]. » Des âniers vinrent de Fas et de tous les pays, emportant du blé sur des chameaux et des mulets. Les gens leur demandèrent : « Pourquoi emportez-vous ce blé ? » — « C'est celui de Sidi Mohammed Adjeli que nous prenons, » répondirent-ils. La nouvelle en arriva au roi qui dit au saint : « Pourquoi agis-tu ainsi, à présent que les greniers royaux sont vides ? » Alors il convoqua les gens de son conseil et voulut faire couper la tête de Sidi Mohammed. « Sors, » lui dit-il. Le saint répondit : « Attends que j'aie fait mes ablutions » (pour la prière). Les gens du makhzen qui l'entouraient le mirent au milieu d'eux en attendant qu'il eût terminé ses ablutions pour le conduire au conseil du roi et lui trancher la tête. Quand Sidi Moh'ammed eut achevé ses ablutions, il leva les yeux au ciel, entra dans la cuvette (où il se lavait) et disparut. Lorsque les gardiens qui se tenaient au-dessus de sa tête virent qu'il n'était plus là, ils allèrent (le chercher inutilement) dans sa maison à Tagountaft [35].

18

LE SCORPION ET LE KHAMMÈS [36].

(*Mʒab.*)

Le propriétaire d'un jardin avait un khammès qui moissonnait de l'orge et à qui il portait à déjeûner. Il arriva au bord d'une rivière qu'il voulut traverser pour aller à son jardin : il trouva une tortue et un scorpion. Celui-ci monta sur la première qui lui fit traverser la rivière, puis elle revint; tandis que le scorpion courait vers un palmier sous lequel dormait un homme. Il trouva un serpent enroulé autour du cou du dormeur, la bouche près de sa tête, et prêt à le mordre quand il s'éveillerait. Le scorpion alla frapper la tête du serpent, y introduisit son venin et le tua. Le propriétaire du jardin contemplait cela avec effroi : il éveilla l'homme et lui dit : « Lève-toi, vois ce qui est à côté de toi ». L'autre obéit, eut peur et voulut fuir. Son maître demanda : « Quelle bonne œuvre as-tu faite aujourd'hui devant Dieu ? » Le khammès répondit : « J'ai fait l'aumône d'un peu de pain à une vieille femme : Dieu a inventé ce moyen pour me sauver de la mort. Ma vie sera longue. Louange à Dieu » [27].

19

LE PARI IMPIE [38].

(M'zab.)

Un homme vint un jour à la porte de la ville : il y trouva des gens avec lesquels il s'assit, et plaça ses chaussures avec les leurs. Il leur dit : « Je vous parie que j'irai cette nuit enfoncer un clou dans la mosquée du Cheïkh Sidi Aïssa. » Ils tinrent ce pari. Il partit : les gens le suivaient. Il alla à la mosquée ; quand il fut arrivé, il enfonça le clou dans le sol et voulut se lever, mais il ne put car il avait accroché son burnous après le clou : il appela les gens à son secours (on vint), il était mort de frayeur.

TROISIÈME PARTIE

LÉGENDES ET TRADITIONS HISTORIQUES

20

ORIGINE DES HABITANTS DE CHERCHEL [39].

(Beni Menacer.)

La ville de Cherchel se partage en trois populations : chacune descend de son ancêtre ; la première se nomme Echchebbab, elle descend des Païens (Romains), le nom de son aïeul est Yousef er Roumi. On appelle la seconde Ath Kidad : ils sont issus de la race des premiers habitants du pays. La troisième population se nomme Ath Zian (Arabes) [40].

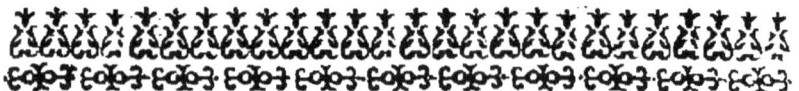

DESTRUCTION DE CHERCHEL [41].

(Beni Menacer.)

On raconte qu'au temps passé, Cherchel fut détruite par le roi Sidi Qornin (Alexandre Zou'l Qarnaïn), à cause d'une femme. Il creusa un grand fossé depuis la mer jusque-là, et lâcha contre la porte de la ville un torrent d'eau. Les maisons tombèrent et un grand nombre d'habitants moururent. Ainsi Cherchel fut détruite une première fois pour l'amour d'une femme par le roi El Qornin [42].

22

L'AQUEDUC DE CHERCHEL [43]

(Beni Menacer.)

Il existait dans le temps passé un roi qui avait une fille très belle (louange à Dieu qui l'a créée et formée). Il voulut la donner à celui qui amènerait de l'eau à la ville de Cherchel. Il se présenta deux hommes, l'un païen, l'autre juif. Le premier partit pour amener de l'eau à la rivière d'El Hachem [44] : il bâtit un aqueduc avec soin. Le juif, de son côté, monta à El Anacer [45] et amena l'eau dans des roseaux qu'il fit arriver à la ville de Cherchel avant le païen. On tira des coups de canon (en son honneur) : le païen les entendit et tomba mort de colère.

23

CONQUÊTE DE CONSTANTINE [16]
PAR LES ARABES

(Zouaoua.)

Les Arabes arrivèrent jusqu'auprès de Constantine. Ils s'arrêtèrent et demandèrent à 'Abd Allah ben Djafar : « Comment pénétrerons-nous à l'intérieur de cette ville? » — « Apportez-moi une échelle, » leur dit-il. La nuit il entra dans Constantine sans être aperçu de personne. Il trouva les habitants endormis à l'exception d'une femme. « Pourquoi ne dors-tu pas? » lui demanda-t-il. « Les Arabes m'ont enlevé mon fils, répondit-elle; je cherche le moyen de le leur reprendre; peut-être l'ont-ils tué : pourtant l'on m'a appris que non. » — « S'ils ne l'ont pas tué, dit 'Abd Allah, peut-être ne te le rendront-ils pas. » — « Il y a chez eux un homme de bien, je lui demanderai sa protection pour qu'on ne tue pas mon fils. » — « Quel est le nom de cet homme? » — « 'Abd Allah ben Djafar. » — « C'est moi. » — « Que Dieu te soit en aide; à présent rends-moi mon fils : qu'on ne le tue pas. » — « Indique-moi comment nous entrerons dans la ville et je ne tuerai pas ton fils, car il est chez moi. » Elle lui dit : « Tu me l'amèneras demain et je vous ouvrirai les portes ». Le lendemain, la ville tomba au pouvoir des Musulmans [47].

QUATRIÈME PARTIE

CONTES MERVEILLEUX
LES TRÉSORS, LES DJINNS, LES FÉES, ETC.

24

LE JARDIN HANTÉ
(Bou Semghoun.)

UN homme qui possédait beaucoup d'argent avait deux filles : Le fils du khalifah du roi demanda l'une et le fils du qadhi, l'autre, mais leur père ne voulut pas les laisser se marier, bien qu'elles le désirassent. Il avait un jardin près de sa maison. Quand il faisait nuit, les jeunes filles s'y rendaient, les jeunes gens venaient les retrouver, et ils passaient le temps à s'entretenir. Une nuit, leur père les vit : le lendemain matin, il égorgea ses filles, les enterra dans son jardin et partit pour le pèlerinage.

Cela dura ainsi jusqu'à ce qu'une nuit, le fils du qadhi et celui du khalifah dirent à un jeune homme qui savait jouer du luth et du rebab : « Viens avec nous dans le jardin de celui qui ne voulait pas nous donner ses filles en mariage : tu nous joueras de tes instruments. » Ils convinrent de s'y rencontrer cette nuit-là. Le musicien alla au jardin, mais les deux jeunes gens ne vinrent pas. Il demeura à jouer seul : au milieu de la nuit, deux lampes apparurent et les deux jeunes filles sortirent de terre sous les lampes. Elles dirent au musicien : « Nous sommes deux sœurs, filles du maître du jardin ; notre père nous a égorgées et nous a enterrées ici : toi, tu es notre frère pour cette nuit ci : Nous te donnerons l'argent que notre père a enfoui dans trois marmites. Creuse ici, » ajoutèrent-elles. Il obéit, trouva les trois marmites, les emporta et devint riche, tandis que les deux jeunes filles retournaient dans leurs fosses [49].

25

LA FEMME ET LA FÉE [50]

(Bou Semghoun.)

Une femme, qu'on appelait Omm Halimah, alla un jour à la rivière pour laver à la source ancienne. Seule, au milieu du jour, elle commençait son ouvrage, quand une femme lui apparut et lui dit : « Soyons amies, toi et moi, et faisons-nous une promesse. Lorsque tu viendras à cette source, apporte-moi du henné et des parfums : tu les jetteras dans la fontaine qui donne sur le qsar. J'en sortirai et je te donnerai de l'argent. » La femme de Bou Semghoun revenait chaque jour et allait trouver l'autre qui lui donnait des pièces de monnaie. Omm Khalifah était pauvre : lorsqu'elle se fut liée avec la fée, elle devint riche tout à coup. Les gens furent curieux de savoir comment elle avait acquis si vite de la fortune. Il y avait un

homme riche, possesseur de grands biens :
on l'appelait Mouley Isma'il. On dit à Omm
Khalifah : « Tu es la maîtresse de Mouley
Isma'il ; il te donne des pièces de monnaie. »
Elle répondit : « Jamais je n'ai été sa maîtresse. » Un jour elle alla à la source pour
se laver, les gens la suivirent jusqu'à ce
qu'elle fut arrivée. La fée alla à sa rencontre
et lui donna de l'argent, les gens les surprirent, mais désormais elle ne sortit plus.

26

LA SAGE-FEMME ET LA FÉE [51]
(Bou Semghoun.)

Une nuit elle était dans sa maison lorsqu'une fée vint la trouver et lui dit : « Donne-moi du henné et des parfums, je serai ton amie. Je suis sur le point d'accoucher. Lorsque le moment de l'enfantement sera arrivé, j'enverrai chez toi mon fils noir. » Quand elle accoucha, elle envoya son fils sous la forme d'un chat. Il entra de nuit chez la femme qui dit : « C'est le fils de la fée. » Elle se leva, il partit suivi par elle et elle arriva près de son amie qui venait de mettre au monde une fille noire. La fée lui donna de l'argent et elle revint dans sa maison [52].

27

HAMED BEN ÇEGGAD [33]

(Zouaoua.)

Il y avait dans une ville un homme nommé Hamed ben Çeggad. Il habitait seul avec sa mère : il ne possédait rien que sa chasse. Un jour les habitants de la ville dirent au roi : « Hamed ben Çeggad l'emporte sur toi. » Il leur demanda : « Dites-moi pourquoi vous me parlez ainsi! Sinon je vous couperai la tête. » — « Comme il ne mange que de la chair des oiseaux, il l'emporte sur toi pour la nourriture. » Le roi fit venir Hamed et lui dit : « Tu chasseras pour moi et je fournirai ta nourriture et celle de ta mère. » Chaque jour Hamed apportait du gibier au prince, aussi celui-ci l'aimait-il extrêmement. Les habitants de la ville en furent jaloux : ils allèrent trouver le sultan et lui dirent : « Hamed ben Çeggad est courageux : il pourrait t'apporter l'arbre de corail et le palmier des bêtes sauvages. » Le roi lui dit : « Si tu n'as pas peur, apporte-moi l'arbre de corail et le palmier des bêtes sauvages. » — « C'est bien, » dit Hamed ; et le lendemain il emmena tous les gens de la ville. Quand il arriva à l'arbre, il tua tous les animaux sauvages, coupa le palmier et le chargea sur les épaules des gens, et le sultan bâtit le château de corail. En voyant combien tout lui réussissait, on dit au roi : « Puisqu'il vient à bout de tout ce qu'il entreprend, dis lui de t'amener la femme aux parures d'argent. » Le prince répéta ces paroles à Hamed qui lui dit : « La tâche que tu m'indiques est rude, néanmoins je te l'amènerai. » Il se mit en route et arriva à un endroit où il trouva un homme qui faisait paître un troupeau, portait une meule suspendue à son cou et jouait de la flûte. Hamed se dit : « Par Dieu, je ne pourrais pas soulever un petit rocher, et cet homme suspend une meule à son cou ! » Le berger lui dit : « Tu es ce Hamed ben Çeggad qui a bâti le château de corail. » — « Qui te l'a appris ? » — « Un oiseau qui volait dans le ciel. » Il ajouta : « J'irai avec toi. » — « Viens, » dit Hamed. Le berger enleva la meule de son cou et ses brebis furent changées en pierres. En route, ils rencontrèrent un homme nu qui se roulait dans la neige : Ils se dirent : « Le froid nous pique et celui-là se roule dans la neige sans que le froid le tue. » L'homme lui dit : « Tu es Hamed ben Çeggad qui a bâti un château de corail. » — « Qui te l'a dit ? » — « Un oiseau qui passait en volant dans le ciel l'a annoncé. Je t'accompagnerai. » — « Viens, » dit Hamed. Après avoir cheminé quelque temps, ils rencontrèrent un homme qui avait de longues oreilles : « Par Dieu, dirent-ils, nous n'avons que de petites oreilles et celles de cet homme sont immenses. » — « C'est le Seigneur qui les a créées ainsi, mais s'il plaît à Dieu, je t'accompagnerai, car tu es Hamed ben Çeggad. » Ils arrivèrent à la maison où était la femme aux parures d'argent, Hamed dit aux habitants : « Donnez-nous cette femme pour que nous l'emmenions. » — « Bien » répondirent les ogres ses frères. Ils égorgèrent un bœuf, le placèrent sur une claie qu'ils enlevèrent et déposèrent avec l'aide de quatre-vingt-dix-neuf hommes. Ils dirent ensuite à Hamed : « Donne-nous un des tiens qui déplace cette claie. » Celui qui suspendait des meules à son cou répliqua : « C'est moi qui la déplacerai. » Quand il l'eût posée à terre, on servit du couscouss avec ce bœuf. Les ogres dirent : « Mangez tout ce qu'on vous a apporté. » Ils mangèrent un peu, et celui qui avait de longues oreilles y cacha le reste de la nourriture. Les frères reprirent : « Donne-nous un d'entre vous qui ira cueillir une branche d'un arbre qui est seul au sommet d'une montagne à deux journées de marche dans la neige». Celui qui se roulait dans la neige partit et apporta la branche. « Il reste encore une épreuve, dirent les ogres : « Une perdrix vole dans le ciel, que l'un de vous la frappe. » Hamed ben Çeggad la tua. On lui donna la femme, mais avant son départ, les frères de celle-ci lui remirent une plume en lui disant : « Lorsqu'on te fera quelque chose contre ton gré, jette cette plume sur le foyer, nous arriverons. » Quand ils vinrent à la ville, les habitants dirent à cette femme : « Le vieux sultan va t'épouser. » Elle répliqua : « Un vieillard ne m'aura pas, » et elle jeta sa plume dans le feu : ses frères arrivèrent, tuèrent tous les habitants de la ville ainsi que le roi et donnèrent la femme à Hamed ben Çeggad [54].

28

LE MONSTRE DE TAZALAGHT [55].

(Chelha du Sous.)

Dans un endroit appelé Tazalaght apparut un monstre *(ghoul)* : des femmes partirent le chercher : il sortit vers elles et leur demanda où elles allaient. Elles lui dirent : « Qui es-tu ? un être humain ? tu es tout couvert de poils : nous ne savons qui tu es. » Il leur répondit : « Je suis une créature de Dieu, je ne vous demande qu'un peu d'eau à boire ». Elles répliquèrent : « Nous n'avons pas d'eau, nous avons peur de toi ». Il enleva une femme, personne ne sait où ils allèrent : les autres s'enfuirent et rentrèrent dans leurs maisons : deux moururent de peur : deux furent malades huit mois [56].

29

LA SERVIETTE MAGIQUE [57].

(Aïn Sfisifa.)

Un taleb vint faire une proclamation en ces termes : « Y a-t-il quelqu'un qui se vende pour 100 mitqals ? » Un individu se vendit : l'étranger l'amena chez le qadhi qui rédigea l'acte de vente. Il prit les 100 mitqals, les donna à sa mère et partit avec le taleb. Ils allèrent à un endroit où ce dernier se mit à lire des formules : la terre s'ouvrit, l'homme y entra. L'autre lui dit : « Apporte moi la lampe, le chandelier de roseau et la boîte ». Il prit celle-ci et sortit en la tenant dans sa poche. « Où est la boîte ? » « demanda le taleb. » — « Je ne l'ai pas trouvée. » — « Par Dieu, partons. » Il l'amena dans la montagne, lui jeta une pierre et s'en alla. Celui qu'il avait fait partir demeura (sur place) pendant trois jours. Il revint à lui, rentra dans son pays et loua une maison. Il ouvrit la boîte, trouva au milieu une serviette de soie qu'il ouvrit et où il trouva sept plis. Il en défit un : des génies vinrent autour de la chambre, une jeune fille se mit à danser jusqu'à ce que le jour se leva. L'homme resta là toute la journée jusqu'à la nuit. Le roi sortit ce soir-là, il entendit le bruit de la danse, frappa à la porte et entra avec son vizir ; on le reçut avec un h'aïk rouge. Il se divertit jusqu'à ce que le jour se leva : il rentra avec son vizir. Celui-ci manda l'homme et lui dit : « Donne-moi la boîte qui est chez toi ». Il l'apporta chez le roi qui lui dit : « Donne-moi la cage qui est chez toi pour me divertir : je te marierai avec ma fille ». L'homme obéit et épousa la fille du Sultan. Celui-ci se divertit avec la cage ; puis à sa mort, son gendre lui succéda 58.

30

LE MARI DE LA FÉE [59].

(Bou Semghoun.)

Un homme appelé Mouley ech Cherif, de la famille des Cheurfa, était maître d'école et habitait à Bou Semghoun [60]. Il alla tout seul à Ouarqa [61] pour y enseigner. Lorsqu'il arriva, une source d'eau chaude s'éleva et il en sortit une fée qui lui dit : « Epouse-moi ». Il la prit pour femme et, quand il fut pour repartir, elle quitta la source et le suivit. Elle demeura avec lui comme son épouse et il en eut deux filles, l'une qu'on appelait Halimah ; nous ne savons pas le nom de l'autre. Leur mère mourut et elles restèrent orphelines. Quand leur père s'en alla, elles l'accompagnèrent et demeurèrent avec lui jusqu'à sa mort.

31

L'ENFANT ET LE ROI DES GÉNIES [62]

(*Zouaoua.*)

Il y avait un cheïkh qui instruisait deux talebs. Un jour on apporta à l'un d'eux un plat de couscouss avec de la viande. Le génie s'empara de lui et l'enleva. Quand on fut arrivé là-bas, il l'instruisit. Un jour l'enfant pleura. Le roi des génies lui demanda : « Pourquoi pleures-tu ? » — « Je pleure à cause de mon père et de ma mère : je ne veux plus rester. » — Le roi demanda à ses enfants : « Qui le ramènera ? » — « Moi, dit l'un d'eux, mais comment le ramènerai-je ? » — « Emmène-le en bouchant ses oreilles avec de la laine pour qu'il n'entende pas les anges adorer le Seigneur. » Quand ils arrivèrent à un certain endroit, l'enfant entendit les anges adorer le Seigneur et il fit comme eux [63]. Son guide le lâcha et il resta pendant trois jours sans s'éveiller. Lorsqu'il revint à lui, il se mit en route et trouva une chienne qui dormait, pendant que ses petits aboyaient dans son ventre. Il marcha et rencontra ensuite une ânesse assaillie par un essaim de mouches. Plus loin, il vit deux arbres, sur l'un se posait un oiseau bleu, puis il volait sur l'autre et chantait. Il trouva ensuite une fontaine dont le fond était en argent, la voûte en or et les eaux blanches. Il marcha et rencontra un homme debout pendant trois jours sans dire un mot. Enfin il arriva à une ville protégée par Dieu, mais où personne n'entrait. Il rencontra un homme intelligent et lui dit : « J'ai à te questionner. » — « Que veux-tu me demander? » — « J'ai trouvé une chienne qui dormait pendant que ses petits aboyaient dans son ventre. » Le sage répondit : « C'est le bien du monde que le vieillard se taise parce qu'il a honte de parler. » — « J'ai vu une ânesse assaillie par un essaim de mouches. » — « C'est Djoudj et Madjoudj de Dieu (Gog et Magog) [61] et l'Antechrist. » — « J'ai rencontré deux arbres, un oiseau bleu se posait sur l'un, puis volait sur l'autre et chantait. » — « C'est l'image de l'homme qui a deux femmes : quand il parle à l'une, l'autre se fâche. » — « J'ai vu une fontaine dont le fond était d'argent, la voûte d'or et les eaux blanches. » — « C'est la fontaine de vie, celui qui y boit ne mourra pas. » — « J'ai trouvé un homme qui priait : je suis resté trois jours, il n'a pas parlé. » — « C'est celui qui n'a jamais prié sur la terre et qui s'en acquitte. » — « Envoie-moi chez mes parents », acheva l'enfant. Le vieillard vit un léger nuage, il lui dit : « Emporte cette créature humaine en Égypte, » et le nuage le porta chez ses parents [64].

32

LA FÉE ET LES T'ALEBS [65]

(Chelha du Sous.)

Il y avait dans le Sous, dans un village qu'on appelle Ouarzemmimen deux talebs qui étaient frères. L'un d'eux partit et s'en alla pour lire (des formules magiques) jusqu'à ce qu'il arriva dans le Gharb, à un endroit appelé Tazia, chez les Aït Arous [66], près de Mouley 'Abd es Salam. Quelques gens lui dirent un jour : « Dans tel endroit il y a un trésor, allons le chercher. » Il partit avec eux. Lorsqu'ils furent arrivés et qu'il eût récité ses formules, une fée sortit : le ciel trembla, la terre trembla. Le t'aleb effrayé, retint sa respiration, mais la fée le tua. La nouvelle de sa mort arriva à son frère qui jura de partir et de se saisir de la fée qui l'avait tué. Il s'informa de tribu en tribu jusqu'à ce qu'il arriva à cet endroit. Quand il lut ses formules, la fée sortit : il la saisit et la fit entrer dans un encrier. Il l'emmena dans son pays à Ouarzemmimen : elle fut en son pouvoir dans sa maison. Il lui donna une hache de fer et l'envoya couper des broussailles (jujubier sauvage) et de l'argan [67] jusqu'à sa mort.

33

L'OGRE ET LES DEUX FEMMES 68

(*Beni Menacer.*)

Il était un homme qui avait deux femmes; l'une intelligente, l'autre sotte. Un jour, elles allèrent cueillir des fèves, elles descendirent dans celles de l'ogre, ayant amené avec elles un âne pour emporter les fèves. L'ogre les vit : il alla prendre l'âne, l'emmena, le tua, et partit inviter les femmes à venir dîner chez lui. Il les conduisit à sa maison et leur servit la chair de l'âne. La femme intelligente reconnut ce que c'était; mais la sotte en mangea sans s'en douter. La première cacha sa part sous la natte. Quand elles eurent fini le repas, l'ogre leur dit : « Rendez-moi ce que vous avez mangé. » La femme intelligente lui rendit sa part. La sotte lui dit : « Grand'père, qu'est-ce que cela ? Tu nous a donné de la viande à manger, et à présent tu t'en repens ! » La sage tira sa part de dessous la natte et dit : « Grand'père, voici ma portion, je n'ai pas mangé. » L'ogre tua la sotte et laissa la femme intelligente retourner à la maison.

34

L'INSCRIPTION MYSTÉRIEUSE [69]

(Bou Semghoun.)

Une femme habitait autrefois à Bou Semghoun et possédait beaucoup d'argent. Un roi en entendit parler et désira vivement s'emparer de sa fortune. Quand cette nouvelle arriva à la femme, elle enleva ses richesses sur des mulets, monta sur le Tamedda [70] et cacha ses trésors en arrivant à la roche de Tira. Elle y écrivit une inscription, mais nous ne savons ce qu'elle signifie.

35

LES SEPT FRÈRES [71]

(Zouaoua.)

Voici une histoire qui s'est passée autrefois.

Un homme avait sept fils qui possédaient sept chevaux, sept fusils et sept pistolets pour chasser. Leur mère devint enceinte. Ils dirent à leur père : « Si notre mère accouche d'une fille, nous resterons ; si c'est d'un garçon, nous partirons. » Elle mit au monde un fils. Ils demandèrent : « Qu'a-t-elle enfanté ? » — « Un fils. » Ils montèrent à cheval et partirent en emportant des provisions avec eux [72]. Ils arrivèrent à un arbre, se partagèrent leur pain et mangèrent. Le lendemain ils partirent et voyagèrent jusqu'à un endroit où ils trouvèrent un puits où ils puisèrent de l'eau. Les aînés se dirent : « Allons, descendons ce jeune enfant dans le puits. » Ils se réunirent contre lui, le descendirent et partirent en le laissant là. Ils arrivèrent à une ville.

Le jeune homme resta quelque temps dans le puits où on l'avait descendu, jusqu'à ce qu'un jour une caravane passant par là se mit à puiser de l'eau. Les gens en buvant entendirent quelque chose qui s'agitait dans le fond. « Attends un peu, » dirent-ils. Ils descendirent une corde, le jeune homme la prit et remonta : il était noir comme un nègre. Les gens l'emmenèrent et le vendirent à un homme qui le conduisit chez lui. Il y resta pendant un mois et redevint blanc comme la neige. La femme de son maître lui dit : « Allons, partons ensemble. » — « Jamais, » répondit-il. Le soir l'homme revint et demanda : « Que fait le nègre. » — « Vends-le, » lui dit sa femme. Il lui dit : « Voici que tu es libre, dispose de ta personne [73]. »

Le jeune homme s'en alla et arriva à une ville où il y avait une fontaine habitée par un serpent. On n'y pouvait puiser sans qu'il mangeât une femme. C'était ce jour-là, le tour de la fille du roi d'être mangée. Le jeune homme lui dit : « Pourquoi pleures-tu ? » — « C'est que c'est mon tour d'être dévorée aujourd'hui. » L'étranger reprit : « Courage, je le tuerai s'il plaît à Dieu, le Seigneur. » La jeune fille entra dans la fontaine : le serpent s'élança contre elle, mais dès qu'il montra sa tête, le jeune homme le frappa d'un bâton et la fit voler. Il en fit autant à une autre tête jusqu'à ce que le serpent mourut. Tous les gens de la ville allèrent puiser de l'eau. Le roi demanda : « Qui a fait cela. » — « C'est lui, dit-on, l'étranger qui est arrivé hier. » — « Ammenez-le moi. » On le conduisit devant le prince. « C'est toi qui a tué le serpent ? » — « C'est moi. » Le roi lui donna sa fille et le nomma son lieutenant : la noce dura sept jours [74].

Mon conte est fini avant que mes ressources soient épuisées.

36

L'OISEAU MERVEILLEUX ET LE JUIF [76]

(Aïn Sfisifa.)

Il y avait un homme qui ne possédait rien : il ramassait du bois. Un jour, il rencontra un oiseau qu'il mit en cage : son fils trouva le lendemain, dans la cage, un rubis qu'il vendit. Chaque jour il en vendait un. Quand il fut riche, il partit en Orient faire le pèlerinage, laissant deux enfants et une femme. Celle-ci chaque jour, portait un rubis au juif. Ce dernier lui dit : « Tue l'oiseau, et tu apporteras une poêle à frire. » — « Va, dit la femme, tu le mangeras. » En revenant de la mosquée, ses enfants trouvèrent dans la poêle à frire la tête et le cœur de l'oiseau, il les prirent et mangèrent, l'un la tête, l'autre le cœur. La femme battit ses fils et leur dit : « Pourquoi avez-vous mangé cela ?... » Ils partirent furieux. Le juif vint lui dire : « A quoi cela te sert-il ? » Il s'en alla. Les enfants quittèrent leurs pays. La femme se fit juive et épousa le juif.

Sur la route, ses fils virent auprès d'eux un étang. L'un d'eux dit à son frère : « Séparons-nous. » Ils se quittèrent. Il arriva que le roi d'un pays mourut après avoir dit : « Prenez l'homme que vous trouverez dormant à l'entrée de la porte : il règnera sur vous. » L'un des enfants devint roi. Trois pigeons vinrent à lui, il leur dit : « Qui êtes-vous ? » Ils s'approchèrent : « Volez, » continua-t-il. Ils s'envolèrent à l'Ouest.

Le père des enfants, en revenant de l'Orient, trouva sa maison appartenant à un juif et sa femme convertie au judaïsme. « Je ne suis plus musulmane, » dit-elle à son mari. Il répondit : « Par Dieu, allons vers le roi de justice. » Ils partirent. Quand il arrriva près de son fils, il lui dit : « Tu es mon fils, ta mère s'est faite juive. » — « Par Dieu, dit le prince, examinons comment. » — « Juge-la, qu'elle meure. » Le roi la condamna au feu : les Arabes vinrent et la brûlèrent [77].

37

LA CAVERNE DES DJINNS [78]

(Chelha du Sous.)

Dans un certain village, il y a un endroit où existe une caverne, les démons y parlent : on l'appelle Taghia Ikhinefnem. Celui qui désire quelque chose apporte des victimes qu'il égorge et y passe la nuit. Sidi Mohammed ou Sliman el Djazouli y monta et y passa la nuit. Quand il revint dans sa maison, il trouva tout ce qu'il voulut.

38

LA COLLINE DES DJINNS [79]

(Bou Semghoun.)

Il existe un puits au milieu de la colline d'Illa-Illa [80] où vivent beaucoup de djinns qui tuent ceux qui y montent. Un homme dit aux gens : « Je vous promets d'y monter : levez-vous et attendez-moi en bas de la colline jusqu'à ce que je descende. » Quand il monta, les djinns le saisirent : il demeura étranglé tout en criant : « Il y en a, il y en a (des démons, en berbère : *illa, illa.*)

39

LA PIERRE FONDUE [1]

(Bou Semghoun.)

Un individu de Bou Semghoun alla à Ouarqa [2] et rapporta une pierre que fit fondre un savant de Bou Semghoun : elle devint du cuivre rouge. Les deux individus qui avaient porté la pierre moururent : on l'appelait *Berchan* (noire), et celui qui la fit fondre, Dah'man Ou Sahhoul.

40

LE TRÉSOR DE RAS EL 'AÏN [83]

(Chelha du Sous.)

Un homme marcha jusqu'à ce qu'il arriva au pays de Ras el Oued [84]. Il s'informa d'un endroit appelé El Oued lâïn Tiout Oulidj [85]. Il s'avança jusqu'à un village élevé nommé Laqçabt, et monta jusqu'à Ras el 'Aïn [86]. Là il trouva une ville que les chrétiens habitaient dans le temps passé. Il y avait là beaucoup d'argent : les gens en trouvèrent, non pas une fois ni deux : les Maghrebins s'y enrichirent.

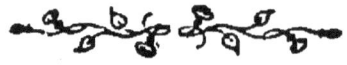

LE TRÉSOR DE 'ASLA [87]

(Bou Semghoun.)

Trois individus venant du Sous arrivèrent à Asla [88], un homme leur prépara de la nourriture dans sa maison. Après avoir déjeûné, ils lui dirent : « Tu connais Ghoundjaïa ? » [89] — « Je le connais. » — « Viens avec nous, nous prendrons des trésors et nous te donnerons au-dessus de ton attente ». Il partit avec eux. Quand ils furent arrivés, ils se mirent à réciter des formules, entrèrent par la porte de la caverne, allèrent au trésor et en prirent de quoi suffire à la charge de trois mulets. En sortant de la caverne, ils dirent à leur compagnon de 'Asla : « Va nous préparer à déjeûner pour que nous mangions en arrivant. » Il partit, égorgea une chèvre pour leur nourriture, les attendit et, comme ils ne venaient pas, partit à leur recherche : il ne les trouva pas. Il revint au qçar de 'Asla et leur dit dans la djema'a : « Voici ce qui m'arrive ; par Dieu, je vous réclame la location de mes mulets. » Ils partirent avec lui, pour un salaire de plusieurs jours, mais on ne sait ce qu'ils devinrent.

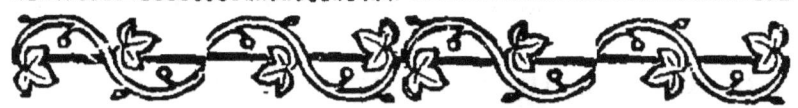

MOITIÉ DE COQ [90]

(Beni Menacer.)

Dans le temps passé, un homme avait deux femmes; l'une était intelligente; l'autre sotte. Elles possédaient un coq en commun. Un jour elles se disputèrent à son sujet; elles se le partagèrent et chacune en prit la moitié : la sotte fit cuire sa part; la sotte laissa vivre la sienne qui marchait sur une patte et n'avait qu'une aile. Quelques jours se passèrent ainsi. Alors Moitié de Coq dit à sa maîtresse : « Prépare-moi des provisions pour que j'aille en pélerinage. » Elle lui donna ce qu'il lui fallait pour son voyage.

Moitié de Coq se leva de bon matin, prit la route du pélerinage : au milieu de la journée, elle fut fatiguée et descendit vers un ruisseau pour se reposer. Voici qu'un chacal vint y boire. Moitié de Coq sauta sur son dos, lui vola un poil qu'elle cacha sous son aile et se remit en marche. Elle chemina jusqu'au soir et s'arrêta sur un arbre pour y passer la nuit.

Elle n'était pas encore reposée lorsqu'elle vit un lion passer près de l'arbre où elle avait pris son gîte. Aussitôt qu'elle l'aperçut, elle sauta sur son dos et lui vola un poil qu'elle mit avec celui du chacal. Le lendemain matin, elle se leva de bonne heure et se remit en route. Arrivée au milieu d'une forêt, elle rencontra un sanglier et lui demanda : « Donne-moi un poil de ton dos comme l'ont fait le roi des animaux et le plus rusé : le chacal et le lion. » Le sanglier répondit : « Puisque ces deux personnages importants parmi les animaux t'en ont donné, je t'accorderai aussi ce que tu demandes. » Il arracha un poil de son dos et le remit à Moitié de Coq. Celle-ci reprit sa route et arriva à la grande maison d'un roi. Elle se mit à chanter et à dire : « Demain le roi mourra, et je prendrai sa femme. » En entendant ces paroles, le roi donna à ses nègres l'ordre de se saisir de Moitié de Coq et de la jeter au milieu de l'étable des brebis et des chèvres pour être foulée aux pieds et tuée par elles, afin d'être débarrassé de son chant. Les nègres s'en emparèrent et la jetèrent dans l'étable pour y périr.

Lorsqu'elle y fut descendue, Moitié de Coq tira de dessous son aile le poil du chacal et le brûla dans le feu. Dès qu'elle l'eût mis près de la flamme, le chacal arriva en disant : « Pourquoi brûles-tu mon poil ? dès que je l'ai senti, je suis venu en courant. » Moitié de Coq répondit : « Voici ma situation, tire-moi de là. » — « C'est chose facile », dit le chacal, et aussitôt il glapit pour appeler tous ses frères : ils se réunirent près de lui, et il leur donna cet ordre : « Mes frères, sauvez-moi de Moitié de Coq, car elle a un poil de mon dos qu'elle a mis au feu. Je ne veux pas brûler ; tirez-la de l'étable des bêtes du roi et vous tirerez mon poil de ses mains. » Aussitôt les chacals coururent à cette étable, étranglèrent tout ce qui s'y trouvait et délivrèrent Moitié de Coq.

Le lendemain, le roi trouva ses étables désertes et ses animaux morts. Il chercha Moitié de Coq, mais inutilement. Celle-ci, le lendemain, à l'heure du souper, se mit à chanter comme la première fois. Le prince appela ses nègres et leur dit : « Saisissez-là et jetez-là dans l'étable des bœufs pour qu'ils l'écrasent sous leurs pieds. » Les nègres s'en emparèrent et la précipitèrent au milieu de l'étable. Dès qu'elle y fut descendue, elle prit le poil du lion et le mit dans le feu. Le lion arriva en rugissant et lui dit : « Pourquoi brûles-tu mon poil ? J'ai senti de ma caverne l'odeur de poil brûlé et je suis venu en courant pour savoir le motif de ta conduite. » Moitié de Coq répondit : « Voici ma situation, tire-moi de là. » Le lion sortit et rugit pour appeler ses frères : ceux-ci arrivèrent en toute hâte et lui dirent : « Pourquoi nous appelles-tu, maintenant ? » — « Tirez Moitié de Coq de l'étable des bœufs, car elle a un de mes poils qu'elle peut mettre au feu ; si vous ne la délivrez pas, elle le brûlera, et je ne veux pas sentir l'odeur du poil brûlé pendant que je vivrai. » Ses frères lui obéirent ; ils tuèrent aussitôt tous les bœufs de l'étable.

Le lendemain, le roi vit que ses animaux étaient tous morts : il entra dans une colère telle qu'il voulait s'étrangler. Il chercha après Moitié de Coq pour la tuer de ses propres mains : il chercha longtemps sans la trouver et revint chez lui pour se reposer.

Au coucher du soleil, elle vint à sa place habituelle et chanta comme les fois précédentes. Le roi appela ses nègres et leur dit : « Cette fois, placez-là dans une maison dont vous fermerez bien les portes jusqu'à demain : je la tuerai moi-même. » Les nègres la saisirent aussitôt et la placèrent dans la chambre du trésor. Quand elle y fut descendue, elle vit de l'argent sous ses pieds ; elle attendit jusqu'à ce qu'elle n'eût rien à craindre des maîtres de la maison qui dormaient tous, tira de dessous son aile le poil du sanglier ; elle alluma du feu et l'y plaça. Aussitôt le sanglier arriva en courant et en faisant trembler la terre : il poussa sa hure qui ébranla le mur dont la moitié s'écroula, pénétra jusqu'à Moitié de Coq et lui dit : « Pourquoi brûles-tu mon poil en ce moment? » — « Excuse-moi, tu vois la situation où je me trouve, sans compter ce qui m'attend demain, car le roi veut me tuer de ses propres mains si tu ne me tires de prison. » Le sanglier reprit : « La chose est facile : ne crains pas ; je vais t'ouvrir la porte pour que tu puisses sortir ; en vérité, tu es assez restée ici. Lève-toi, va prendre de l'argent en suffisance pour toi et tes enfants. »

Moitié de Coq obéit ; elle se roula dans l'or, emporta tout ce qui s'attacha à ses ailes et à ses pattes et en avala jusqu'à ce qu'elle fut rassasiée.

Elle reprit le chemin qu'elle avait suivi le premier jour, et lorsqu'elle arriva près de la maison, elle appela sa maîtresse et lui dit : « Frappe à présent, ne crains pas de me tuer. » Sa maîtresse se mit à frapper jusqu'à ce que Moitié de Coq l'appela de dessous la natte : « Assez, à présent, roule la natte. » Elle obéit et vit la terre toute luisante d'or.

A l'époque où Moitié de Coq revint de pélerinage, les deux femmes possédaient une chienne en commun. La sotte voyant que sa compagne avait reçu beaucoup d'argent lui dit : « Nous allons partager cette chienne. » La femme intelligente répondit : « Nous ne pourrons rien en faire, laisse-là vivre ; je t'abandonne la moitié que je possède. Garde-là à toi seule : moi, je n'en ai pas besoin. » La sotte dit à sa chienne : « Va en pélerinage comme a fait Moitié de Coq et apporte-moi de l'or. » La chienne se leva pour obéir à sa maîtresse : elle se mit en route le matin et arriva à une fontaine. Comme elle avait soif, elle voulut boire : quand elle s'abaissa, elle vit au milieu de la fontaine une pierre jaune, elle l'enleva dans sa gueule et revint en courant. Quand elle arriva à la maison, elle appela sa maîtresse et lui dit : « Prépare des nattes et des baguettes : voici que je suis revenu de pélerinage. » La sotte prépara des nattes sous lesquelles la chienne courut dès qu'elle entendit la voix de sa maîtresse, et lui dit : « Frappe avec modération. » La femme saisit les baguettes et la frappa avec toute la force possible. La chienne cria longtemps pour faire cesser les coups : sa maîtresse refusa jusqu'à ce que l'animal fut froid. Elle enleva les nattes et trouva la chienne morte avec la pierre jaune dans la gueule ⁹¹.

43

LE PRÉSENT DE LA FÉE [92]

(Bou Semghoun).

Un jour qu'une jeune fille de Bou Semghoun était allée à Ouarqa, des génies l'emportèrent. Son frère partit chercher sa sœur : elle sortit de la montagne pour le saluer et lui dit : « Je suis mariée à un djinn, attends-moi, je te donnerai quelque chose que tu apporteras à ma mère. » Elle lui apporta un sac de cendres et ajouta : « Ne t'arrête pas en route jusqu'à ce que tu sois arrivé chez ta mère. » Quand il fut à Ouarqa, il se dit : Je vais m'arrêter pour voir ce qu'elle m'a donné. « Il regarda et ne trouvant que de la cendre, il vida le sac et n'en laissa qu'un peu au fond. » Lorsqu'il arriva chez sa mère, il lui dit : « Voici, regarde ce que ta fille m'a donné. » — « Secoue-le, » dit-elle. Ils trouvèrent des pièces de monnaie. Il retourna en courant à l'endroit où il avait jeté la cendre, mais ne trouva rien. Il revint alors chez sa sœur à Ouarqa : elle sortit au-devant de lui et lui dit : « Va, je te donnerai rien, puisque, ce que je t'ai donné quand tu es venu, tu l'as secoué [93] »

44

LE TRÉSOR DE GHOUNDJAÏA [93]

(Bou Semghoun).

Un homme vint du Sous à Bou Semghoun ; il emmena deux individus avec lui à Ghoundjaïa pour enlever des trésors. Ils prirent avec eux 70 bougies, entrèrent dans la caverne et y marchèrent jusqu'à ce que 35 bougies fussent consumées ; ils revinrent en brûlant les 35 qui restaient et sortirent de la caverne [94].

CINQUIÈME PARTIE

CONTES DIVERS

45

LA VIEILLE ET LA MOUCHE [95]

(Zouaoua.)

Une vieille femme était allée un jour à la fontaine, laissant chez elle un pot de lait. Quand elle revint, elle trouva une mouche tombée dans le lait : elle lui enleva la queue ; la mouche lui dit : « Rends-moi ma queue pour que j'aille conduire chez mes parents une mariée. » La vieille lui répondit : « Amène-moi une chèvre. » La chèvre lui dit : « Apporte-moi de l'herbe. » La mouche alla vers le figuier. Celui-ci lui répondit : « Donne-moi du fumier. » Elle s'adressa au bœuf : « Bœuf, donne-moi du fumier pour le figuier, celui-ci me donnera des feuilles que je porterai à la chèvre, la chèvre me fournira du lait que je donnerai à ma grand-mère qui me rendra ma queue, afin que j'aille chez mes parents conduire une mariée, » Le bœuf lui donna du fumier, elle le porta au figuier qui lui donna du feuillage, elle le porta à la chèvre et reçut du lait ; en échange, la vieille lui rendit sa queue, et elle alla chez ses parents conduire une nouvelle mariée [96].

Mon histoire a été de vallée en vallée ; je l'ai racontée à des fils de nobles : pour nous, que Dieu nous pardonne et qu'il extermine les chacals.

L'ÉTRANGER [97]

(Zouaoua).

On raconte qu'il y a longtemps un voyageur marcha sur une route jusqu'à un endroit désert où il apercevait de la fumée. Il s'en approcha, et quand il fut arrivé, il trouva un homme seul avec un cheval, deux faucons et trois jeunes chiens. Au matin, il se leva, monta à cheval, prit les chiens, s'en alla et combattit seul jusqu'au soir contre des troupes, puis il s'en retourna. Ceux avec lesquels il avait lutté se nommaient Ifragatin. Cela dura jusqu'à ce qu'un jour ils se dirent : « Que ferons-nous? » Ils allèrent trouver un vieillard pour lui demander conseil. Il leur dit : « Comment est celui qui monte à cheval ? » — « Il a un cheval, deux faucons et trois jeunes chiens, « répondirent-ils. Le vieillard reprit : « Amenez-lui six femmes, deux faucons femelles, trois chiennes et deux juments. » Le lendemain ils agirent ainsi. A son arrivée, les femmes étaient en avant. Quand il les vit, son cœur se porta vers elles : les chiens coururent aux chiennes, les faucons firent de même, ainsi que le cheval quand il aperçut les juments : il bondit vers elles. La tribu entoura l'homme, le fit prisonnier et l'emmena. Il demeura ainsi pendant six jours : l'un disait : « Je vais le tuer ; » un autre disait non ; enfin quelqu'un se leva et dit : « Faites-le mourir. » On rassembla du bois, on le brûla et il mourut.

RENCONTRES SINGULIÈRES [98]
(Zouaoua).

Jadis un homme était en route : il rencontra une jument qui paissait dans les prés : elle était maigre, décharnée et n'avait que la peau et les os. Il marcha jusqu'à un endroit où il trouva une jument grasse, quoiqu'elle ne mangeât pas. Il alla plus loin et rencontra un mouton qui donnait des coups contre un rocher jusqu'au soir pour y passer la nuit. En avançant, il rencontra un serpent qui se balançait dans un trou où il ne pouvait se retirer. Plus loin, il vit un homme qui jouait avec une boule : ses enfants étaient des vieillards. Il arriva prés d'un vieillard qui lui dit : « Je vais t'expliquer tout ceci : la jument maigre que tu as vue représente l'homme riche dont les frères ne possèdent rien ; la jument grasse représente l'homme pauvre dont les frères sont riches. Le serpent qui se balançait sans pouvoir entrer ni sortir est l'image de la parole, qui, une fois prononcée et entendue, ne peut plus revenir en arrière. Le mouton qui donne des coups contre le rocher pour y passer la nuit, désigne l'homme qui a une mauvaise maison. Celui dont tu as vu les enfants vieillis, tandis qu'il jouait aux boules, que représente-t-il? Cet homme a pris une belle femme et ne vieillit pas : ses enfants en ont pris de mauvaises.

48

LE SOT ET LA CORDE [99]

(*Chelha du Sous*).

Un imbécile nommé Salah ne venait jamais à la mosquée que lorsque la prière était terminée. Un jour qu'il priait, il vit une corde suspendue à la voûte ; elle se balançait et lui heurta le visage. Il se dit en lui-même : Il faut couper cette corde : il la saisit, monta jusqu'en haut, et une fois arrivé, tira un couteau de sa poche et coupa la corde. Il tomba avec elle, mais il y avait des tapis étendus sur le sol ; il tomba sur l'un d'eux et Dieu le sauva.

49

LA FEMME, LE ROI ET LE SERPENT [100]

(Figuig).

Une femme avait quatre fils. Lorsqu'ils furent grands, ils partirent pour voler. Un dragon sortit vers eux, les trouva endormis et en tua deux. Quand les autres s'éveillèrent et trouvèrent leurs frères morts : « Seigneur Dieu, dirent-ils, quelle est cette aventure ! » — Le serpent arriva ; ils le saisirent, le mirent dans une gibecière, l'apportèrent à leur mère et lui dirent : « Mère, ce serpent a tué nos frères. Allons tout de suite le porter au roi qui décidera s'il le tuera ou s'il le lâchera ». Lorsqu'ils l'apportèrent au prince, celui-ci le prit. Leur mère commença de se plaindre en disant : « O roi, la loi ordonne que tu ne le laisses pas vivre : puisqu'il a tué mes enfants, tu le tueras. » Le roi répondit : « Examinons d'abord si tes fils n'avaient pas commis d'injustice envers lui ». Alors le serpent se leva, et par la puissance de Dieu, parla en redressant la tête : « Dis-nous, lui demanda-t-on, pourquoi tu as tué ses enfants? » Il répondit : « Un jour ils ont fait périr ma femme : je les ai tués à mon tour. » Aussitôt la femme se plaignit et menaça de le faire périr, mais le roi reprit : « Va-t-en, » et il lâcha le serpent. La femme alla dans sa maison, prit du poison, le donna à la négresse et lui dit : « Négresse, jette-le dans la nourriture du roi et que Dieu le guérisse ! » La négresse jeta le poison dans la marmite et le mêla avec le souper. On le prit et on le porta au prince. Quand celui-ci en eut mangé, il tomba malade et dit : « Amenez-moi la femme; si quelqu'un m'a tué, c'est elle. » Il mourut. La femme du roi vint avec la coupable : elle la vainquit et dit : « Puisque mon mari est mort, tu mourras aussi. » On l'emmena pour la faire périr.

50

LE VIEILLARD, LA FEMME ET LES VOLEURS [1]

(Oued Righ).

Un jour deux voleurs entrèrent dans une maison. Ils y trouvèrent une vieille femme, son mari et une chèvre : c'est tout ce qu'il y avait. L'un d'eux dit à l'autre : « Comment partir sans rien emporter ? » Son compagnon répondit : « Nous tuerons le vieillard et la chèvre et nous jouirons de la femme. » L'homme et sa femme les avaient entendus : « Crie, dit le premier, pour sauver ma vie. » La vieille répondit : « Tais-toi, c'est ton destin qui t'arrive. » — « Comment me tairai-je ! répliqua le vieillard : des voleurs veulent me tuer, moi et la chèvre : toi tu ne t'y opposes pas parce que tu les as entendus dire des choses qui te plaisent : je périrai par ta faute : tu es contente de commettre un adultère avec eux! » Il cria très fort de façon que les voisins entendirent : les voleurs s'enfuirent et l'homme sauva sa vie et celle de la chèvre.

51

LE RICHE AVARE [103]

(Chelha du Sous.)

Il existait un avare qui possédait de grandes richesses : son voisin qui était pauvre étant venu à mourir, les gens du quartier s'adressèrent au riche et lui demandèrent un linceul. Il leur répondit : « Revenez une autre fois : je n'ai pas d'argent. » — « Et le mort, demandèrent-ils, nous le salerons ? » — « Oui, salez-le. »

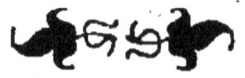

52

LES TROIS VOLEURS [10?]

(*Aïn Sfisifa*).

Trois individus étaient allés couper les routes : ils arrêtèrent un homme, le tuèrent et prirent son argent. Ils envoyèrent l'un d'eux chercher des mets délicats et convinrent entre eux de le tuer. L'autre se dit en partant : « Je mettrai du poison dans la marmite. » Quand il revint, ils l'assassinèrent. Ils moururent le premier, les deux autres périrent et le trésor resta sans maître [104].

53

LA CHARITÉ [105]

(Mzab).

Un enfant était allé avec son père dans un jardin où il tirait de l'eau avec lui. Il eut faim. Son père lui dit : « Mon fils, je n'ai rien à te donner, va, cherche dans les feuilles, sous les palmiers, peut-être trouveras-tu une petite datte ou une courge. » L'enfant partit en pleurant et ne trouva rien. Son père se mit à pleurer et à invoquer Dieu. Une femme arriva portant un plat de farine : quand elle fut près d'eux, elle leur dit : « Dieu vous assiste ! » Le père répondit : « Dieu te sauve. » — « Pourquoi pleures-tu ? » — « C'est que mon fils va mourir de faim. » — « Toi et ton fils, prenez et mangez l'aumône de Dieu. » Elle donna de la farine peu à peu à l'enfant jusqu'à ce qu'il se leva : ils mangèrent jusqu'à ce qu'ils furent rassasiés et louèrent Dieu.

54

LE ROI ET SA FAMILLE [106]
(Bou Semghoun).

Au temps jadis, un roi régnait sur le Maghreb : il avait quatre fils. Il partit, lui, sa femme et ses enfants pour l'Orient. Ils s'embarquèrent : leur vaisseau fut submergé avec eux. Les vagues les enlevèrent chacun séparément : l'une emporta la femme; une autre le père, seul, au milieu de la mer dans une île où il trouva une mine d'argent. Il en emporta fréquemment jusqu'à ce qu'il en eut extrait une grande quantité et s'établit dans le pays. Les gens entendirent souvent parler de lui et apprirent qu'il habitait au milieu de la mer : ils bâtirent des maisons jusqu'à ce qu'il y eut une grande ville. Il fut roi de cette contrée. Quiconque venait pauvre chez lui, il lui donnait des pièces de monnaie. Un homme pauvre épousa sa femme; quant à ses fils, ils se mirent à étudier, chacun dans un pays différent. Ils devinrent tous savants et craignaient Dieu. Le roi faisait chercher les tolba qui vénéraient le Seigneur : le premier des frères lui fut indiqué; il envoya vers lui. Il cherchait aussi un khodja; le second lui fut désigné, il le manda chez lui. Le prince désirait particulièrement un'adel; un autre frère lui fut indiqué, il le fit venir chez lui ainsi que l'imâm, qui était le quatrième frère. Ils arrivèrent chez leur père sans le connaître et sans être connus de lui. La femme et celui qui l'avait épousée vinrent aussi chez le roi pour se plaindre. Lorsqu'ils se présentèrent, la femme monta seule ce soir-là au palais. Le prince fit chercher les quatre tolba pour passer la nuit chez lui jusqu'au matin. Pendant la nuit, il les épia pour les connaître. L'un d'entre eux leur dit : « Puisque le sommeil ne nous vient pas, que chacun fasse savoir qu'il est. » L'un reprit : « Moi, mon père était roi : il avait beaucoup d'argent et quatre fils dont les noms étaient semblables aux vôtres. » Un autre dit : « Moi aussi, mon père était roi, il nous est arrivé comme à toi. » Un autre reprit : « Moi aussi, mon père était roi : il nous est arrivé comme à vous. » Le quatrième dit à son tour : « Moi aussi, mon père était roi ; il nous est arrivé comme à vous trois : vous êtes mes frères. » Leur mère les entendit et se prit à pleurer jusqu'au matin. On l'amena au prince qui lui dit : « Pourquoi pleures-tu ? » Elle répondit : « J'étais autrefois la femme d'un roi, nous avions quatre fils ; nous nous embarquâmes, lui, nos enfants et moi : le vaisseau qui nous portait se brisa ; chacun s'en alla seul, jusqu'à ce que hier, ils ont parlé devant moi pendant la nuit et m'ont indiqué ce qui est arrivé à eux, à leur père et à leur mère. » Le roi reprit : « Faites-moi connaître vos aventures. » Ils l'en informèrent. Alors le prince se leva en pleurant et dit : « Vous êtes mes fils, » et à la femme : « Tu es ma femme. » Dieu les réunit [107].

55

LES VOLEURS [108]

(Zouaoua).

Des coupeurs de route poursuivaient un jour quelqu'un. O homme, lui crièrent-ils, arrête, que nous t'interrogions. Il leur répondit : « Vous n'avez pas à m'interroger : si c'est sur le monde, personne ne le traverse sain et sauf : si c'est sur l'autre, il n'y a que Dieu qui sache ce que c'est : mais si je m'arrête, je me fais du tort. »

56

LA PÊCHE SURPRENANTE [109]

(Chelha du Sous.)

Chez les Idaouisaren [110], il existe un endroit appelé Tafedna [111] et où l'on pêche beaucoup de poissons. Un jour des barques y prirent avec leurs filets 290,000 *tasergalts* (sorte de poisson) et revinrent. Une autre fois elles y retournèrent, mais un poisson appelé *el qars* sortit contre elles, frappa un marin et lui coupa la moitié du pied.

57

BEDDOU [112]

(Zouaoua).

Deux hommes, dont l'un se nommait Beddou et l'autre Amkammel, allaient au marché emportant un panier de figues. Ils rencontrèrent un homme qui labourait et lui dirent : « Le Seigneur te soit en aide. » — « Amen », répondit-il. L'un d'eux voulut aller se laver : il n'y avait pas d'eau. Le laboureur demanda à celui qui était avec lui : « Comment t'apelles-tu ? » — « Beddou. » — « Par Dieu, Beddou, garde mes bœufs pour que j'aille boire. » — « Va. » Quand il fut parti, il lui enleva un des bœufs. A son retour, le laboureur vit qu'il lui en manquait un. Il alla vers l'autre voyageur et lui demanda : « Par mon père, quel est ton nom ? » — « *Amkammel ouennidhni* (complète l'autre) [113]. » — « Par Dieu, Amkammel ouennidhni, garde-moi ce bœuf pendant que j'irai chercher celui qui est parti. » — « Va. » Il lui enleva l'autre. Quand le laboureur revint, il ne trouva même plus le second.

Les deux filous s'en allèrent, emmenant les bœufs : ils les égorgèrent pour les faire rôtir. L'un but toute l'eau de la mer, l'autre toute l'eau douce, pour complément. Quand ils eurent fini, l'un demeura là (à dormir), l'autre le couvrit de cendres. Le premier se leva pour aller boire, et fit tomber la cendre sur le chemin. Quand il revint, le second se couvrit de la tête du bœuf. Son frère qui allait boire eut peur et s'enfuit [114].

Ils se partagèrent l'autre bœuf pour le manger : celui qui avait bu l'eau de la mer but l'eau douce, celui qui avait bu l'eau douce but l'eau de la mer. Quand ils eurent fini leur repas, ils se mirent en route. Ils trouvèrent une vieille femme qui avait de l'argent sur lequel elle était assise. Quand ils arrivèrent, il se battirent. Elle se leva pour les séparer. L'un d'eux s'établit (à sa place) pour passer la nuit il fit semblant d'être mort. La vieille lui dit : « Lève-toi, mon fils. » Il refusa. Le soir, l'un d'eux vola l'argent et dit à son frère : « Debout, partons. » Ils s'en allèrent jusqu'à un endroit où s'endormit celui qui avait pris l'argent. L'autre emporta les dirhems et s'en alla laissant le premier endormi. A son réveil, celui-ci ne trouva rien. Il se mit à la poursuite de l'autre, et quand il arriva, il le trouva mourant de maladie. Ce dernier avait dit à sa femme : « Enterre-moi... » Elle l'enterra. Celui qui (le premier) avait volé l'argent s'en alla..... Il dit : « C'est un bœuf ! » — « C'est moi, mon ami. » Il lui cria : « Louange à Dieu, mon ami, que tes jours (se passent) dans le bien. » Beddou lui dit : « Allons à la chasse. » Ils partirent seuls. Beddou ajouta : « Je vais te raser. » Il le rasa, et quand il arriva à la gorge, il l'égorgea et enterra sa tête. Un grenadier poussa à cette place. Un jour Beddou trouva là un fruit qu'il porta au roi. Quand il arriva, il sentit que c'était lourd : c'était une tête. Le roi lui demanda : « Qu'est-ce que cela ? » — « Une grenade. » — « Nous savons comme tu as agi, » dit le roi et il lui fit trancher la tête. Mon histoire est finie [116].

58

LA VIEILLE MOSQUÉE [116]

(*Chelha du Sous*).

Dans un endroit de Massat [117] existait une mosquée où il y avait trois cent soixante-dix sièges : les docteurs y enseignaient la science. Or jadis un homme apparut et leur dit : « Un prophète viendra dans cet endroit : cette mosquée sera ruinée et il n'en subsistera que le mih'rab. » On dit que lorsque le Mouley Sa'ah devra apparaître, le tambour y résonnera [118].

SIXIÈME PARTIE

POÉSIES, CHANSONS, ÉNIGMES, PROVERBES

LA PESTE [119]

(Zouaoua).

JE vais vous raconter ce qui est arrivé :
A Djamâ Saharidj, Si Saïd Amzian est mort.
Tu as disparu, fine fleur de farine.
La mort y ajoute H'asan Aoudjahan
L'homme à la vie austère.
A ton passage à Thadoukouarth
La douleur a pénétré chez El Modhan
Fleur belle et brillante.
Cette fois le fléau a passé en Égypte :
Là il est constamment.
Si H'and le forgeron est mort,
Ainsi qu'El H'adj au nom célèbre.
La mort y ajoute 'Ali, fils d'El H'adj
Qui ne craignait pas les fureurs
Elle y joint Moh'and, fils de Frahth
Beau parmi les jeunes gens,
Deux d'entre les Aïth Arirou.

Elle ajoute Moh'and le noir,
Célèbre pour son hospitalité ;
Mesâoud, fils de Bekhi,
Beau parmi les forgerons.
Voilà le fléau de l'autre côté du col,
Près de l'endroit où l'on rassemble les tentes :
Il enlève un couple de faucons,
Les fils du chekh El Arbi.

60

LES CONSEILS [20]

(Zouaoua).

O ma tête qui ne raisonne pas
Laisse l'ami inutile
Il ne fera pas finir le monde pour toi,
Dans l'autre, il n'intercèdera pas pour toi ;
L'un est comme un trépied
La parole qui l'élève est mauvaise
L'autre, quand il voyage, va avec lui
Il coupera pour toi, comme des chardons,
Les ennuis, il te sauvera.
Le voisin qui t'attaque est mauvais
Évite-le, pars, déménage,
Il ressemble à celui qui habite Akfad'ou
Où il n'y a que lions et coupeurs de routes.

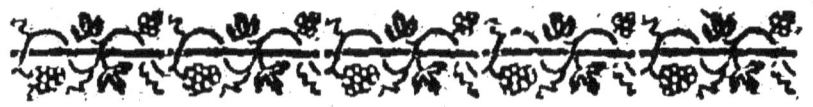

VERS EN DIALECTE CHELH'A [121]

I

Les lettres envient ton visage
Les sept formes d'écriture sont agitées
Eût on cinq mille intelligences,
On deviendrait fou (à ta vue) comme si l'on
[voyait Azraïl de ses yeux.

II

O Seigneur Moh'ammed, dis seulement : Vos
En eux je resterai, je n'en sortirai pas. [cœurs,

ÉNIGMES [122]

(Zouaoua).

1 Cinq t'olba dans un seul manteau.
 (Les cinq doigts de pied).
2 La boîte de la création qui s'achève à l'in-
 (La noix). [térieur
3 Deux fauçons sur une muraille ; leur lit
 (Le soleil et la lune). [est dans la mer
4 Mon oncle S'aïd est courbé quand il mar-
 Ses mains derrière son dos, [che bien
 Ses oncles déchirent les brebis
 (La charrue).
5 Elle se tient sur le foyer et mange ses en-
 (La lampe). [trailles [123]
6 Il a la forme d'un caillou et une longue
 (L'oignon). [chevelure
7 Le trône à sept trous
 (La tête).
8 J'ai vu une merveille

L'argent montant sur l'or
(Le blanc d'œuf) [124].

9 En marchant elle étend du linge [125]
(La rivière).

10 Des négresses dans des blanches
(Les pupilles des yeux).

11 La mosquée qui n'a pas de portes
(L'œuf).

12 Ma natte est en cuivre
Elle ne se rompt ni se salit
(Le ciel).

63

PROVERBES [126]

(Zouaoua).

1 Par la langue, nous nous améliorons.
  Dans le cœur, rien de bon.
2 Sa langue est douce
  Son cœur amer
3 Sa langue est polie
  Son cœur est rouge.

NOTES

NOTES

PREMIÈRE PARTIE

FABLES ET CONTES D'ANIMAUX

I. — LE CHACAL ET LE HÉRISSON

(1) Recueilli à Cherchel en 1884 où il m'a été conté par Si Moh'ammed-'Abdi, fils du qaid du Smian. Le texte et la traduction ont été publiés dans la seconde série de mes *Notes de lexicographie berbère*, n° VI, p. 98-100.

(2) Je connais trois autres recensions de cette fable : la première, le dialecte de l'Oued Noun, que j'ai recueillie à Oran en 1883 ; la seconde,

en zouaoua fait partie d'un recueil de la Bibliothèque nationale (fonds berbère, n° 1); la troisième est traduite dans ce recueil (n° 2). Le sujet est aussi raconté en arabe chez les Hadjoutes, mais avec plus de développements. Tiré d'affaire, le hérisson conseille à son compagnon de faire le mort et d'attendre que le propriétaire trompé le jette hors du silo. Cette dernière version a été traduite et amplifiée par le colonel Trumelet (*Les Saints de l'islam*, ch. VII. *Le Chacal et le Hérisson; Blida, récits selon la légende, la tradition et l'histoire*. Alger, 1887, 2 v. in-8°, t. I, ch. 9). La même histoire se retrouve avec des variantes chez les Slaves du Sud : Le renard a soixante-dix ruses et le hérisson trois, grâce auxquelles ils échappent de la fosse aux loups où ils sont tombés tous deux (Krauss, *Sagen und mærchen der Süd-Slaven*, t. I, fabl. XIII). Il est curieux de rencontrer ici les données de deux fables de la Fontaine réunies en une seule : *le Chat et le Renard* (fables XI, 5) où les deux animaux disputent sur le nombre et la valeur de leurs ruses; le fabuliste français a emprunté ce sujet aux *Apologues* de Regnerius (pars I, fab. XXVIII, *Catus agrestis et Vulpes*); il a été traité depuis par Desbillons (*Fabulae aesopiae*, v. 37, *Vulpis et Ericius*). Une des plus anciennes rédactions que je connaisse existe en espagnol (*La Raposa e el Gato*) et fait partie d'un recueil manuscrit intitulé : *Expejo de legos*, qui date probablement de la seconde moitié du XIV° siècle, comme le livre des Exemples. Le renard a vingt ruses et le chat une seule, qui est de monter à l'arbre (Cf. P. de Gayangos, *Escritores españoles anteriores al siglo* xv, p. 445). La même donnée existe dans les fables de Jean de Scheppei n° LVIII, *Vulpes et Catus* (ap. Hervieux *Les fabulistes latins*, t. II, p. 777); dans le recueil d'Odon de Sherington (Hervieux, *Les fabulistes latins*, t. II, p. 622, n° 76, *De Vulpe qui (quæ) dicitur Reynardus obviante Teberto murelego)* où Reynard s'attribue dix huit ruses. Elle se trouve aussi dans la collection publiée par Th. Wright, *Latin Stories from mss. of the thirteenth and fourteenth centuries* p. 57 : Le renard a dix-sept ruses, le chat une seule. Un conte allemand (Grimm, *Kinder-und Hausmærchen*, n° 75) nous représente également le chat et le renard contestant leurs moyens d'action : le premier n'en possède qu'un et le second, cent. Dans le ms. n° 536 de la Bibliothèque de Bruxelles, renfermant le Romulus de Marie de France (fab. 129, *De Catto et Vulpe)* le renard se vante de posséder quatre-vingts ruses et un sac plein : le chat n'a qu'une seule ressource (Hervieux, *Les fabulistes latins*, t. II, p. 578). Le Romulus de Munich attribue au renard cent ruses (Hervieux, *Fabulistes latins*, t. II, p. 729, fab. n° 31, *De Volpe et de Cato)*. L'origine orientale de cette donnée nous est fournie par un récit téleute (Sibérie méridionale) : Le renardeau et la grue, poursuivis par des chasseurs, essaient, le premier ses douze ruses, la seconde l'unique qu'elle possède pour se sauver ; elle fait la morte et est rejetée hors du terrier, tandis que son compagnon est tué (Radloff, *Proben der Volksliteratur der türkischen Stæmme Süd-Sibi-*

riens t. I, p. 219). Nous retrouvons également dans le conte berbère la donnée de la fable de La Fontaine : *Le Renard et le Bouc* (*Fables*, III, 5), empruntée par lui à Phèdre (IV, 5, *Vulpes et hircus*) et aux fables ésopiques (*Le Renard et le Bouc*, *Fabulae aesopiae*, ed. Halm, n° 45, p. 22), et imitée par Desbillons (*Fabulae aesopiae* III, 10, *Vulpis et Caper*). La Fontaine s'est sans doute servi de l'édition de Rinuccio d'Arezzo (*Aesopi Phrygis et aliorum fabulae* n° 5, *De vulpe et trago*) : c'est également la source de l'anonyme turk (Decourdemanche, *Fables turques*, n° 2, le Renard et le Bouc). Cf. une variante donnée par Grimm : *Kinder-und Hausmærchen* n° 73 : *le Renard et le Loup*.

2. — LE LIÈVRE ET LE CHACAL

(3) Recueilli à Mélika (Mzab) en 1885. Le texte est inédit, m'a été dicté par un nommé Miloud, cavalier du bureau arabe.

3. — LE LION, LE CHACAL ET L'HOMME

(4) Recueilli à Cherchel en 1884. Le texte, publié dans une seconde série de *Notes de lexicographie berbère* (p. 102-108), m'a été conté par Moh'ammed 'Abdi.

(5) La même histoire existe avec des variantes qui tiennent à la différence des climats, dans la

plupart des littératures de l'Europe orientale. En Russie, le chacal est remplacé par le renard et le lion par l'ours : le dénouement est le même, allongé parfois du dialogue entre le renard, ses pattes, ses yeux et sa queue ; ainsi, dans le gouvernement de Tambov, le conte du *Paysan, de l'Ours et du Renard* (Afanasiev, *Narodnyia rousskiia skazki*, t. II, n° 32). Le loup est substitué à l'ours dans un récit de la Russie blanche (Afanasiev, *op. laud.*, t. III, conte 4). Dans un conte du gouvernement de Toula, *l'Ours et le Semeur des navets*, on a soudé l'une à l'autre deux histoires différentes, dont on trouvera plus loin une version kabyle de la première. (Afanasiev, *op. laud.*, t. III, p. 111.) Cf. *Le Renard*, conte recueilli dans le gouvernement d'Astrakhan (Afanasiev, *op. laud.* I, 1). Dans la Petite-Russie, gouvernement de Tchernigov, le récit du *Renard, de l'Ours et du Paysan* se rapproche plus du type primitif conservé en berbère. (Roudchenko, *Narodnyia iojnorousskiia skazki*, t. I, c. VIII, p. 17.) De même, dans le conte litvanien : *L'Homme et le Renard* (Leskien et Brugman, *Litauische Volkslieder und Mærchen*, conte 1, p. 252). Une autre récit du même pays substitue le loup à l'ours (Schleicher, *Litauische Mærchen* p. 8). La même fable se retrouve en esthonien et chez les Slaves de Croatie : *L'Homme, le Lièvre, le Renard et l'Ours*, mais avec des différences considérables (*Narodne pripovjedke skupio*, n° LXIV, cité par Leskien et Brugman, *op. laud.* p. 518 et 520).

4. — LE CHACAL ET L'ANE

(6) Traduit du manuscrit n° 17, fonds berbère, de la Bibliothèque nationale. Le texte zouaoua est inédit.

5 — LE CHACAL ET LA PERDRIX

(7) Traduit du ms n° 17, fonds berbère de la Bibliothèque nationale. Le texte zouaoua a paru dans mon *Manuel de langue kabyle* (Textes, p. 12)

(8) Dans un conte haoussa, la vue d'une perdrix excite chez la hyène le désir d'avoir une peau aussi rayée et aussi élégante que le plumage de cet oiseau. Elle s'adresse au renard qui se fait apporter un couteau tranchant et de la terre blanche : il raie, déchire et peint le dos de la hyène qui, depuis, a le pelage zébré (Schœn, *Grammar of the hausa language*, p. 212-213 : *Tasunia da kurage, da kura, da kifi*; Bleek, *Reineke Fuchs in Afrika*, liv. II, f. 1, p. 83-84).

6. — LE HÉRISSON ET LE CHACAL

(9) Le texte zouaoua extrait du ms. n° 17, fonds berbère de la Bibliothèque nationale, a été

publiée avec la transcription dans mon *Manuel de langue kabyle* (Textes, p. 16-17).

(10) Si fin qu'il soit, le chacal est ici la dupe du hérisson et joue le rôle attribué au diable dans les légendes, à l'occasion d'une aventure analogue. Cf. *S. Crispin et le diable*, dans la *Littérature orale de Picardie*, par E. H. Carnoy, p 62-66 : ils s'associent pour planter des navets : le diable choisit ce qui poussera hors du sol et n'obtient que les feuilles; la seconde année, ils cultivent du blé et le démon se réserve ce qui est sous terre. Chez les Slaves du Sud, S. Sabas remplace S. Crépin : son associé et lui plantent d'abord des oignons, puis des choux (Krauss, *Sagen und Mærchen*, t II, n° 153). Il est fait allusion à un marché semblable dans un conte de la Haute-Bretagne : *Le Diable laboureur et marin* (Sébillot, *Contes des marins*, p. 45). Dans Grimm (*Kinder-und Hausmærchen*, n° 189, *le Paysan et le Diable*) un paysan trompe un démon qui lui abandonne un trésor, contre la moitié de la récolte de son champ pendant deux ans. La première année, il choisit ce qui poussera au-dessus de terre; le paysan plante des navets; la seconde, ce qui sera au-dessous, c'est du blé. Cette version se rencontre presque identique dans Rabelais (*Pantagruel*, l. IV, ch. 45, *comment Pantagruel descendit en l'isle des Papefigues*; ch. 46, *comment le petit diable fut trompé par un laboureur de Papefiguière*) : on sème d'abord du blé, puis des raves. En Algérie, Satan le lapidé est mis en scène avec des Arabes qui lui jouent un tour semblable (Certeux et Car-

noy, *l'Algérie traditionnelle*, t. I, p. 55-56) D. Juan Manuel qui a emprunté aux Orientaux la plupart des récits insérés dans le *Livre de Patronio*, y a aussi introduit celui-ci, mais légèrement modifié : le Mal et le Bien associés doivent se partager les bénéfices; le Bien a les agneaux, le Mal la laine et le lait des Brebis; puis le Mal prend les porcs et laisse les soies à son compagnon. Enfin, quand ils plantent des navets, le premier prend ce qui est sous terre; il ne reste à son compagnon que les feuilles. L'année suivante, les navets sont remplacés par des choux : le Bien obtient ce qui est sous terre : le Mal garde la récolte pour lui (P. De Gayangos, *Autores españoles anteriores al siglo* xv, Ex. n° 43, *De lo que contescio al bien et al mal, et al cuerdo con al loco;* A. de Puibusque, *le comte Lucanor*, p. 410). Les récits qui mettent en scène un animal au lieu du diable, me paraissent avoir conservé la forme la plus ancienne : tels sont le conte kabyle que je donne ici et un du gouvernement de Toula où l'on retrouve l'épisode cité plus haut (p. 134, n. 3)

L'Ours et le Semeur de navets : l'ours épargne un paysan à la condition que celui-ci lui laissera la moitié de la récolte qui pousse au-dessus de terre (Afanasiev, *Narodnyia rousskiia skazki*, t. III, p. 111); une recension plus complète se rencontre dans un conte du gouvernement d'Astrakan : *Le Loup* (Afanasiev, *op. laud.* t. I, n° 1) : l'ours est trompé d'abord avec des navets, puis avec du blé. Dans un conte anglais, le renard et le loup associés cultivent d'abord de l'avoine, puis des pommes de terre (A. de Gubernatis, *La mythologie des plantes* t. II, p. 31). Cf. une modification de ce thème dans une légende du Berry et une du Périgord (Laisné de la Salle, *Croyances et légendes du centre de la France*, t. I, p. 130 et p. 134) : Le loup et le renard trouvent des noix, puis des olives : le loup choisit successivement l'extérieur, puis l'intérieur des fruits. Desbillons a traité le même sujet dans sa fable des deux enfants (*Fabulae aesopiae*, l. VI, f. 21, p. 135, *Pueri duo*).

Quant à la ruse par laquelle le hérisson trompe le chacal dans leur lutte à la course, elle est employée dans un conte chinois : *le Corbeau et la Tortue*, extrait du *Tçia-pão-ché-T'ienn-ki* ; ils luttent de vitesse pour décider qui est l'aîné et parient de traverser un fleuve sur chaque rive duquel se tient une tortue que le corbeau rencontre quand il croit arriver le premier. Mais, comme il a des soupçons, au milieu d'une nouvelle course, il appelle la tortue, et des deux rives on lui répond : « Me voici » (C. Imbault-Huart, *Miscellanées chinois*, *Journal asiatique*, 1881, t. II, p. 541). Un tour semblable se rencontre dans un conte toscan : *l'Ecrevisse et le Loup* : la première, en s'accrochant à la queue de son rival, arrive en même temps que lui au but; de même le roitelet et l'aigle (Marc-Monnier, *Contes populaires en Italie*, p. 233-235). Cf. à Madagascar, les fables : *la Grenouille et le Sanglier* (J. Sibree junior, *Malagasy Folk-tales*, Folk-lore Journal, t. II, mars 1884, et *Bulletin de correspondance africaine*, t. II, 1884, p. 180); *le Sanglier et le Caméléon* (J. Sibree junior, *Malagasy Folk-tales*, Folk-lore Journal, t. II, juin 1884).

7. — L'HOMME, LA VIPÈRE ET LE HÉRISSON

(11) Le texte zouaoua, tiré du ms n° 1, fonds berbère de la Bibliothèque nationale, a été publié dans mon *Manuel de langue kabyle* (Textes, p. 13-14).

(12) La contestation entre l'homme et la vipère a donné naissance à une foule de récits qu'on peut diviser en deux séries suivant que l'homme, bienfaiteur du reptile, est ou non en danger de périr et ne se sauve que par l'intermédiaire d'un animal étranger, envers lequel il se montre d'ordinaire aussi ingrat que le serpent l'a été envers lui. Une des recensions les plus anciennes est sans doute celle qui nous a été conservée dans le *Pantchatantra tamoul* de Dubois, *le Brahme, le Crocodile, la Vache et le Renard* (p. 49-54) : le crocodile remplace ici la vipère. Ce conte ne se trouve pas dans la rédaction arabe du *Kalilah et Dimnah* de 'Abd Allah b. El Moqaffa', mais on le rencontre dans la version persane de cet ouvrage : l'*Anvari Soheili* de Husseïn Vaez Kachefi (éd. Ouseley, l. III, hist. III, p. 225-227), *le Chamelier et la Couleuvre*; de là elle a passé dans la traduction turke : *Humayoun Nameh* par 'Ali-tchélébi (éd. Boulaq, 1251 hég., l. III, p. 231-236). Dans un conte populaire arabe d'Algérie, le cavalier, qui a sauvé le serpent des flammes, convaincu lui-même d'ingratitude par l'arbre et la fontaine, est sauvé par le renard (Cherbonneau, *Exercices*

pour la lecture des manuscrits arabes, III⁰ partie, n⁰ 8. *Le mal est la récompense du bien*, reproduit dans l'*Athenaeum français*, 1856, p. 301. C'est de là que dérive la fable de Ruiz de Hita : *le Jardinier et la Couleuvre*, copl. 1322 ; une version arménienne, également empruntée aux sources orientales, a été reproduite par V. Haxthausen (*Transkaukasia*, 1856, t. I, 332). On la trouve aussi dans les recueils ésopiques : (éd. Halm) fab. 96, 966, 97 : *Le laboureur et le serpent* 976, *Le voyageur et le serpent* ; dans les *Quatrains* de Gabrias, n⁰ 42 : *Le serpent et le laboureur* et dans les *Fables* de Babrios. n⁰42, *Le serpent et le laboureur*. C'est presque toujours un chacal ou un renard qui tire l'homme du mauvais pas où il s'est mis, alors que d'autres animaux l'abandonnent ; ainsi en grec moderne : *le Chasseur et le Serpent*, ils interrogent le lévrier et le cheval avant le renard (Legrand, *Contes populaires grecs*, p. 187-189) ; en hottentot : *le Serpent* (Bleek, *Reineke Fuchs*, Iʳᵉ partie, n° 5) : condamné par la hyène, l'homme ne se sauve qu'à l'aide du chacal ; une autre version (*op. laud.*, n⁰ 6, *a*) fait donner tort à l'homme par le lièvre et la hyène avant l'intervention du chacal. Toutefois, comme dans la première version il s'agit d'un blanc et d'un Hollandais dans la seconde, il est possible, comme le soupçonne M. Sheptone, que ces deux recensions soient d'origine étrangère et moderne. Il n'en est pas de même d'une troisième (*op. laud.*, 6, *b*) où un babouin remplace l'homme et où il est d'ailleurs secouru par le chacal. Dans un conte du gouvernement de Toùla (Erlenvein, *Narodnyia skaʒki sobraniyia selskimi outchiteliami*, n° 22), *le Paysan et le Serpent*, ce dernier est, comme dans les versions orientales citées précédemment, retiré des flammes : le lièvre et le loup condamnent l'homme, mais le renard le tire d'affaire. De même, dans la légende serbe de S. Sabas, toutefois, le saint, contrairement à l'homme du conte kabyle, se montre reconnaissant et bénit son libérateur (Jagic, *Archiv für slavische Philologie, I Aus dem südslavischen Mærchenschatze*, n° 6). La donnée est un peu différente dans le xxix° récit de la version persane du *Touti-Nameh* par Nakhchebi, mais le fond est toujours l'ingratitude du serpent qui veut mordre son bienfaiteur (Iken, *Touti-Nameh von Nechschebi*, p. 119-121. *Du gentilhomme qui cache un serpent dans sa manche*). Dans d'autres versions, le dragon remplace le serpent; en litvanien : *Un bienfait est toujours payé d'ingratitude*; il s'agit d'un dragon, d'un chien, d'un cheval et d'un renard (Leskien et Brugman, *Litauische Volkslieder und Mærchen*, n° 2); en polonais : *le Dragon, la Jument et le Renard* (O. Kolberg, *Lud, jego, wyezaje spoosb*, etc., série VIII, contes de Cracovie, n° 99, cité par Liesken et Brugman). Cf. aussi une fable du Romulus de Munich : n° 30, *De dracone et de rustico* (Hervieux, *Fabulistes latins*, t. II, p. 278) Ailleurs, c'est un loup qui est substitué au serpent ou au dragon; dans un conte russe du gouvernement d'Astrakhan : *le Loup, la Jument, le Chien, le Renard et le Paysan* (Afanasiev, *Narodnyia skazki*, t. III, n° 24', et dans un conte gallicien (Sado, Baracz, *Bajki, Frazki, Podaniai*

Piesni, cité par Leskien et Brugman, p. 521).

En France, où Eustache Deschamps avait déjà traité le même sujet *(le Paysan et le Serpent, Œuvres complètes,* t. I, ballade n° 36, p. 120). avant La Fontaine, celui-ci, suivant l'exemple donné par Phèdre (l. IV, f. 18, *Homo et Colubra)* tout en maintenant la condamnation de l'homme par la vache, le bœuf et l'arbre, a supprimé l'intervention du renard ou du chacal, et par là, diminué considérablement l'intérêt dramatique de la fable (l. X, f. 2, *l'Homme et la Couleuvre*).

La même donnée est encore plus altérée dans les diverses recensions du Romulus : le serpent, rappelé à la vie, tue son sauveur ou du moins rend insupportable le séjour de la maison où il a été accueilli. Cf. Romulus, l. I, f. 10, *Homo et coluber* (Hervieux, *Fabulistes latins*, t. II, p. 181); Romulus de Vienne, f. 10, *Homo et coluber* (*id.*, p. 251); Romulus de Berlin, n° 1, f. 9, *De Homine et colubro* (*id.*, p. 287); Romulus de Berlin, n° 11, f. 10, *De Viro et serpente* (*id.*, p. 307); Romulus d'Oxford, f. 9, *Homo et coluber* (*id.*, p. 367); Walter l'Anglais (anonyme de Nevelet), f. 10, *De viro et colubro*, (p. 379); Gualterianæ fabulæ, p. 9, *De Homine qui posuit colubrum in sinu suo* (*id.*, p. 429); Odon de Sherington, p. 87, *De serpente semel jacente super terram gelatam* (*id.*, p. 636); Jean de Sheppei, f. 36, *Serpens et homo* (*id.*, p. 759.) Cf. également Marie de France fab. 63. *Le Paysan et le serpent;* Robert *Fables inédites des* xii°, xiii° *et* xiv° *siècles*, t. II, p 33 : *Fable du Vilain qui heberja le serpent* et le *Castoiement d'un père à son fils*, 3; *Gesta Romano-*

rum (éd. Oesterley), ch. 174, p. 572 : *Quod natura docet, nemo tollere potest et de talione ingratitudinis* et les sources citées, p. 741.

8. — LE CHACAL

(13) Recueilli à Mélika (Mzab) en 1885. Le texte mzabi que m'a dicté Miloud est inédit.

(14) D'après les traditions populaires, le chacal (et le renard) a coutume de faire le mort : soit pour surprendre le gibier ; cf. El Abchihi, *le Mostat'ref*, t. II, p. 127 : « Entre autres ruses, pour se procurer de la nourriture, il fait le mort, gonfle son ventre, lève les pattes, de sorte qu'on le croit crevé. Quand un animal s'approche, il se jette sur lui et en fait sa proie, mais cette ruse ne réussit pas avec le chien de chasse. » Le texte arabe du *Mostat'ref* a été reproduit dans la chrestomathie arabe de Beyrouth (*Medjâni el adâb*. t. I, p. 177); cf. aussi Qazouini (*'Adjâîb el Makhlouqât*, p. 391); Paulin Paris, *Les aventures de maître Renart*, ch. XXIII, *Comment Renart eut un songe effrayant, et comment il déçut la Corneille* (en faisant le mort); Odon de Sherington, f. 77 : *De Vulpa fingente se mortuum* (Hervieux, *Fabulistes latins*, t. II, p. 629.) La source de cette tradition est probablement le *Physiologus;* elle existe dans le texte grec publié par D. Pitra *Spicilegium Solesmense*, t. III); dans la version éthiopienne (Hommel, *Die æthiopische Uebersetzung des Physiologus*, ch. xv); dans un re-

maniement grec en vers politiques, datant du
xii⁰ siècle (E. Legrand, *Le Physiologus*, poème
sur la nature des animaux, ch. xxiv, p. 72). Elle
a également passé en Espagne, dans l'ouvrage
intitulé *Libro de los Gatos (Livre des Chats*;
P. de Gayangos, *Escritores en prosa anteriores
al siglo* xv, p. 558). Cf. Camerarius, fable 411;
Desbillons, *Fabulae aesopiae*, l. V, fable 17, *Vulpis et Cervus*; une version de cette fable, en
dialecte arabe d'Algérie, a été publiée par M. Machuel dans sa *Méthode de l'arabe parlé*, p. 227;
j'en ai donné une recension en dialecte berbère
de Figuig dans mon *Recueil de textes et de documents relatifs à la philologie berbère, Bulletin
de correspondance africaine*, 1885, p. 422-423).
— Dans d'autres récits, le renard fait le mort
pour sauver sa vie, mais il est bien vite obligé
de renoncer à cette ruse : ainsi dans quelques recensions du livre de *Sendabad* ou des *Sept Vizirs*; en arabe : *le Renard et la foule (Mille et
une Nuits*, éd. de Habicht et de Fleischer, t. XII,
p. 351); dans la version hébraïque du *Michlé
Sendabar* (Carmoly, *Paraboles de Sendabar*,
p. 147) et dans la traduction grecque du *Syntipas*
(Eberhardt, *Fabulae romanenses graecè conscriptae*, p. 114-115) : ce conte a passé en espagnol
dans le *Livre de Patronio*, par D. Juan Manuel
(P. de Gayangos, *Autores españoles anteriores
al siglo* xv, *De lo que contecio a un raposo que se
echo en la calle e se fizo muerto*, p. 400; De Puibusque, *Le comte Lucanor*, Ex. xxix), dans le
poème de Ruiz de Hita (Sanchez, *Collection de
poesias castellanas anteriores al siglo* xv, stro-

phes 1386-1395) et dans les contes chinois empruntés à l'Inde (Stan. Julien, *Contes et apologues indiens*, t. I, n° XXIII, *le Chacal prudent*).

9. — LE CHACAL ET LE COQ

(15) Le texte tagouarjelent m'a été dicté à Ouargla en 1885 par El Hadj Salah et a été publié avec la transcription dans mon *Manuel de langue kabyle* (*Textes*, p. 30-31).

(16) Dans les versions musulmanes de ce conte, le chacal a des scrupules religieux qui tiennent aux dogmes de l'islam : chaque prière doit être précédée d'ablutions, et le manque d'eau l'oblige à partir, malgré la présence de l'imam. Une version en arabe vulgaire est donnée (sans indication d'origine) dans le *Cours pratique d'arabe vulgaire* de M. Belkassem ben Sedira (ch. XII, n° 10, *le Renard et le Coq*) : elle est sans doute imitée du *Mostat'ref* d'El Abchihi (éd. de Boulaq, t. II, p. 128; Belkassem ben Sedira, *Cours de littérature arabe*, p. 16). Le même sujet a été traité par Ech Cherichi : *Le Renard et le Coq* cité dans le *Medjâni el Adâb* (t II, p. 79) et avec de grands développements par Ibn 'Arabchah : *Fakihat el Kholafa*, éd. Freytag, t. I (cf. aussi *Medjâni el Adâb*, t III, p. 94). Dans les *Fables ésopiques* (éd. Halm, n° 225, *le Chien et le Coq*), le renard veut donner le baiser de paix au coq, mais celui-ci le renvoie au chien : cette version est suivie d'assez près dans le roman de Renart :

Comment Maître Renart ne put obtenir de la Mésange le baiser de paix (P. Pâris, Aventures de Maître Renart, p. 40-43); dans le recueil de Pogge : *la Fable d'ung Coq et d'ung Regnart* (A. de Montaiglon, *Les Facécies de Poge Fiorentin*, trad. par Guillaume Tardif, n° 53); par Camerarius (fable 261); Verdizotti (fab. 90); Philibert Hégémon (*la Colombière*, fab. 14, p. 54); Faerne, fab. 29, *le Chien, le Coq et le Renard*) et enfin La Fontaine (l. II, f. 15) : *le Coq et le Renard*, trad. par Desbillons (*Fabulae aesopiae*, l. XIV, f. 27, *Gallus et Vulpecula*). La version turque est identique à ces dernières (Decourdemanche, *Fables turques*, n° 57, *le Renard et le Coq*). Chez les Slaves du sud, le sujet est un peu modifié : c'est le coq qui demande la paix au renard : toutefois, l'intervention des chiens est mentionnée (Krauss, *Sagen und Mærchen der Süd Slaven*, t. II, n° 38, *le Renard et le Coq*). Cf aussi Benfey, *Pantschatantra*, t. I, p. 310. Une des fables de l'anonyme de Berne (Hervieux, *Fabulistes latins*, t. II, p. 751) présente une ruse semblable de la part du renard qui cette fois réussit (n° 32, *Vulpes et avicula*).

10. — LE FAUCON ET LE CORBEAU

(17) Le texte berbère de cette fable m'a été dicté en 1883, à Tlemcen, par Ahmed b. Mohammed de Aïn Sfisifa : il a été publié avec la transcription dans mon *Recueil de textes et de docu-*

ments relatifs à la philologie berbère (Bulletin de Correspondance africaine, 1885, p. 413).

(18) D'après une tradition populaire arabe, le corbeau abandonne ses petits aussitôt qu'ils sont sortis de l'œuf, mais Dieu leur envoie des moucherons jusqu'à ce que leurs plumes soient poussées (Ed. Demiri, *Haïat el haïouân*, t. II. p. 190; Qazouini, *'Adjâïb el Makhlouqât*, p. 420, Ahmed el Abchihi, *Mostrat'ref*, t. II. p. 146; Hariri, *Séances*, commentées par De Sacy, 2e éd., t. I, p. 151; Eustathe, dans son *Commentaire sur l'Hexaméron* (*Bibliotheca Maxima Patrum*, t. XXVII. p. 32), dit au contraire que la femelle du corbeau ne quitte jamais ses petits et les nourrit continuellement.

11. — POURQUOI LE CORBEAU EST NOIR

(19) Le texte zouaoua, tiré du manuscrit n° 17, fonds berbère de la Bibliothèque nationale, a été publié dans mon *Manuel de langue kabyle* (*Textes*, p. 13).

(20) Cf. dans Ovide (*Métamorphoses*. l. II, v. 531-632) une autre tradition sur le changement de couleur du plumage du corbeau. Une légende de la Haute-Bretagne, portant le même titre, mais complètement différente, a été donnée par M. Sébillot dans la *Revue de l'histoire des religions*, 1885.

DEUXIÈME PARTIE

LÉGENDES RELIGIEUSES

12. — ORIGINE DU LION, DU CHAT ET DU RAT

(21) Ce conte, dont le texte zouaoua est inédit, est tiré du manuscr. n° 17, fonds berbère de la Bibliothèque nationale.

13. — SALOMON ET LE GRIFFON

(22) Le texte berbère de cette légende, dicté à Tlemcen en 1883 par Ahmed ben Mohammed de Aïn Sfisifa, a été publié avec la transcription dans mon *Recueil de textes et de documents relatifs à la philologie berbère* (*Bulletin de correspondance africaine*, 1885, p. 413-416).

(23) Les deux pays de Djabersa et de Djaberqa sont placés par les musulmans aux deux extrémités, orientale et occidentale, de la terre. D'après Yaqout (*Mo'djem el Boldân*, t. II, p. 2), les Juifs racontent que Djabersa est à l'extrémité orientale du monde et qu'une partie des leurs s'y réfugia lors de la guerre de Talout (Saül) ou de Bokht Naçr (Nabuchodonosor). Suivant d'autres

traditions, c'est à Djabersa que vivent les restes des Thamoudites qui crurent au prophète Çalih, tandis que les descendants des Adites fidèles habitent Djabalqa. Peut-être faut-il rapprocher le conte berbère d'une légende rapportée par Qazouini (*Adjâïb el Makhlouqât*, p. 419) et Ed Deniri (*Haïat el Haïouân*, t. II, p. 177). L'*anqa* (griffon) du Maghreb vivait autrefois au milieu des hommes auxquels il causait toute espèce de dommage : un jour enfin, comme il avait enlevé une fiancée avec ses parures, le prophète Hanzhala ou, suivant d'autres, Khaled, fils de Sinan, qui vivait chez les Benou 'Abs, invoqua Dieu qui transporta le griffon dans une des îles de l'Océan, au-delà de la ligne équinoxiale, où les hommes ne pouvaient aborder et où il ne trouva que des éléphants, des rhinocéros, des buffles et toute espèce de bêtes féroces et d'oiseaux de proie. Le prophète Hanzhalah vivait, au dire des Arabes, entre Jésus-Christ et Mohammed : quelques traditionnistes, entre autres Es Soheïli, rapportent qu'il fut envoyé par Dieu, aux environs d'Aden, pour ramener à la foi les restes des Thamoudites (cf. la légende qui les fait vivre à Djabersa); ceux-ci avaient pour idole le cadavre d'un de leurs rois, mort et embaumé, dans lequel Satan s'était glissé et se faisait adorer. Mas'oudi (*Prairies d'or*, t. IV, p. 10 et 15-20) mentionne aussi les fables relatives à l'*Anqa ravisseur*, attribuées au traditionniste Ibn 'Abbâs.

(24) Ce conte, que je n'ai retrouvé dans aucune des légendes arabes relatives à Salomon, renferme plusieurs traits puisés à des sources populaires.

L'enlèvement de la princesse par le griffon rappelle celui de Sourya-bai par des aigles qui l'emportent dans une habitation établie au haut d'un arbre (Miss Bartle Frère, *Old Deccan days*). Cf. d'autres exemples dans H. Husson, *La chaîne traditionnelle*, p. 102. Dans un conte albanais, le Soleil s'empare d'une jeune fille, et la transporte dans son palais, puis, sur ses plaintes, il la renvoie à sa mère (Dozon, *Contes albanais*, n° 7, *La Fille promise au Soleil*). Quant au procédé employé par le prince pour revenir à la cour de Salomon, il paraît imité de celui auquel eut recours Sindbad le marin dans son second voyage (cf. *Les voyages de Sindbad le marin* publiés par Langlès à la suite de la *Grammaire de la langue arabe* par Savary, p. 480-482) : de même Djouchah, dans la ville des Juifs, cousu dans la peau d'une mule, est enlevé par un oiseau et transporté dans la vallée des pierres précieuses (Trébutien, *Contes inédits des Mille et une Nuits*, t. II, *Histoire de Haçan de Basra*, p. 194 et suiv.). Cf. aussi Devic, *Le pays des Zendjs*, p. 247 et suiv. On serait tenté de chercher l'original du stratagème de Sindbad dans l'aventure de Lohayángha, endormi dans le cadavre d'un éléphant, poussé au Gange par la pluie et transporté à Lanka par un oiseau de l'espèce fabuleuse des Garoudas (Brockhaus, *Die Mærchensammlung des Somadeva Bhatta aus Kaschemir*, t. I, p. 121); il est cependant à remarquer qu'Hérodote (*Histoires*, l. III, ch. cxi) mentionne ce procédé, employé par les marchands qui recueillent Sindbad, pour se procurer, non des pierres précieuses, mais du cinnamome.

14. — SALOMON ET LE DRAGON

(25) Le texte de ce conte qui m'a été dicté à Cherchel en 1884 par Si Moh'ammed Abdi a été publié avec sa transcription dans le *Bulletin de correspondance africaine*, p. 3-4, et dans mon *Manuel de langue kabyle* (*Textes*, p. 26-27).

(26) D'après la tradition, la caverne du dragon était sur la route de Milianah à Cherchel; il aurait été égorgé près du lac Halloula et de l'endroit où s'éleva plus tard le Tombeau de la Chrétienne.

(27) Une légende locale prétend qu'à Hammam Rirha se trouvaient les bains de Salomon chauffés par des génies sourds et muets. La même tradition s'applique aussi à Hammam Meskhoutine et à une source d'eau chaude près de Mascara (cf. Mornand, *La vie arabe*, p. 65-66).

(28) La recension arabe de ce conte a été donnée par Clément Duvernois, dans son volume de l'*Algérie pittoresque*. D'après Polybe (*Histoire*, l. XII, ch. vi), ce stratagème fut employé par les Locriens Épizéphyriens lorsqu'ils fondèrent en Italie la ville de Locres. — Les Sicules leur ayant fait bon accueil, « un traité fut conclu en ces termes : Les Locriens vivront en bonne intelligence avec les Sicules et regarderont le pays comme commun aux deux nations aussi longtemps qu'ils marcheront sur cette terre et qu'ils porteront des têtes sur leurs épaules. Lorsque les conventions furent faites, les Locriens mirent de

la terre sous la semelle de leurs souliers, placèrent sur leurs épaules des têtes d'ail invisibles et prêtèrent ainsi serment, puis ils secouèrent la terre de leurs chaussures, les têtes d'ail de leurs épaules, et bientôt chassèrent les Sicules du pays. Telle est la tradition accréditée chez les Locriens. » — M. Duruy (*Histoire grecque*, p. 489) cite cette tradition en l'attribuant à Hérodote, ce qui est une erreur : elle est due à Polybe : Hérodote (*Histoires*, l. IV, 201) mentionne seulement un artifice analogue employé par les Perses pour s'emparer de Barkè, révoltée contre Phérétime et son fils : ils creusent un fossé, le recouvrent de terre et jurent de conserver leur accommodement avec les assiégés aussi ferme que le sol. La ville ouverte, les Perses déblaient le fossé, annulent le traité et livrent leurs ennemis aux vengeances de Phérétime.

15. — SALOMON ET LE VOLEUR D'OIES

(29) Le texte chelha de ce conte a été recueilli à Oran, en 1883. Une recension arabe existe dans le *Hadiqat el Afráh li Izahât el Atrâh* par Ah'med b. Mohammed el Ansâri ech Chirouâni, p. 165.

16. — SIDI SMIAN ET SIDI AH'MED BEN YOUSEF

(30) Le texte berbère de cette légende m'a été dicté à Cherchel, en 1884, par Si Mohammed

'Abdi et a été publié avec la transcription dans la seconde Série de mes *Notes de lexicographie berbère*, p. 94-97.

(31) La prédiction des deux saints se réalisa : le tombeau de Sidi Ah'med ben Yousef, à Milianah, fut construit sur un emplacement où les Juifs déposaient leurs immondices. Quant à Sidi Smian, sa qoubbah s'élève sur un des points les plus sauvage des montagnes des Beni Menacer.

Le même miracle est raconté par les Arabes d'une façon différente, mais toujours avec Sidi Ah'med ben Yousef pour héros. Il voyageait un jour sur un mulet, du côté de Fas, quand une douzaine de Marocains le prièrent de prendre avec lui un des leurs qui était malade. Il le fit monter en croupe, mais sur les instances des autres, lui disant que leur compagnon ne pouvait se tenir, il le plaça devant lui. Arrivé à destination, il voulut faire descendre le Marocain, mais celui-ci refusa, prétendit que le mulet lui appartenait et, devant le qadhi, ses amis témoignèrent en sa faveur. Le saint allait être condamné quand il s'écria : « Si c'est un mulet, il est à eux, si c'est une mule, elle est à moi ». Les filous, se croyant sûrs de leur fait, acceptèrent la proposition, mais un miracle s'était opéré, et le mulet était devenu mule. Ce fut, dit-on, à cette occasion que Sidi Ah'med prononça le dicton suivant :

Les Moghrebins,
Fils de la Bête (de l'Apocalypse),
Gens de mensonge et de filouterie;
Douze d'entre eux rendent un faux témoignage avec de la violence et des manières étranges.

Cent coupables de l'Orient valent mieux qu'un honnête homme de l'Occident.

Quant aux prédictions mutuelles que s'adressent ces deux pieux, mais vindicatifs personnages, relativement à leurs sépultures, il est curieux de les comparer à celles que se firent, suivant quelques traditions, saint Jean Chrysostôme et saint Épiphane, évêque de Salamine en Chypre. Le second dit au premier : « J'espère que tu ne mourras pas évêque ». et le patriarche de Constantinople répliqua : « J'espère que tu n'arriveras pas dans ta patrie. » En effet, saint Jean Chrysostôme, déposé par le concile de Constantinople, succomba à Comanes aux fatigues de la route pendant qu'on le transportait d'Arabissus à Pithyonte, en Asie-Mineure. Saint Épiphane, son adversaire, mourut en mer avant de rentrer à Salamine (Socrate, *Historia ecclesiastica*, éd. Migne, l. VI, ch. xiv, col. 708 ; Sozomène, *Hist. eccles.*, éd. Migne, l. VIII, ch. xv, col. 1556 ; Amédée Thierry, *Saint Jean Chrysostôme*, p. 165.

L'avalement de Sidi Smian par Sidi Ah'med se rattache à un ensemble de mythes qui a été étudié spécialement par M. A. Lang, *Custom and myth*, p. 45-64).

17. — AVENTURE DE SIDI MOHA'MMED 'ADJELI
ET DE MOULEY MOHA'MMED

(32) Le texte cheih'a de cette légende inédite m'a été dicté en 1883 à Tétouan (Maroc) par El H'adj Mohammed de Massat (Sous).

(33) Mouley Mohammed (I.), fils de Mouley 'Abd Allah, régna sur le Maroc de 1757 (1160 hégire) à 1789 (1204 hég.). Il fit la guerre à l'Espagne, assiégea inutilement Melilla, conclut des traités avec la France, le Danemark, la république de Venise, reprit Mazagan aux Portugais, eut à combattre la Hollande et la Toscane et se montra généralement bien disposé pour la France (cf. Godard, *Description et histoire du Maroc*, t. II, p. 548-567; Houdas, *Le Maroc de 1631 à 1812*, p. 127-157).

(34) Un miracle du même genre, quoique différent dans les détails, est attribué au marabout 'Ali, surnommé Bou-tlélis (l'homme au petit sac), qui a donné son nom à un village à 30 kil. S.-O. d'Oran : d'un petit sac *(T'lélis)* ; il fit sortir un énorme tas d'orge en présence d'un sultan mérinide du xive siècle (Piesse, *Itinéraire de l'Algérie*, p. 204).

(35) La dernière partie de cette légende rappelle un épisode qui existe dans divers contes anciens et modernes. D'après Hérodote (*Histoire*, l. IV, ch. xiv, Aristée de Proconnèse, l'auteur d'un poème sur les Arimaspes, étant entré dans la maison d'un foulon, y mourut. On ferma la boutique, et lorsque ses parents vinrent chercher le cadavre, un homme de Cyzique, qui s'était embarqué depuis peu à Artakè, déclara avoir rencontré Aristée entre ces deux villes et avoir causé avec lui. On ouvrit la maison du foulon, le corps avait disparu : sept ans plus tard, Aristée reparut à Proconnèse. On peut aussi en rapprocher un épisode du premier conte du recueil turk des

Quarante-Vizirs : par la magie du cheīkh Chihâb ed Din, un sultan d'Égypte, plongeant dans sa baignoire, se trouve transporté loin de là, dans un pays inconnu où il vit pauvre pendant sept ans qui ont à peine la durée d'une seconde. Chehâb ed Din échappe à la vengeance du sultan rentré dans ses États en se plongeant lui-même dans la baignoire et en se transportant sur le champ à Damas (Belletête, *Contes turcs extraits des Quarante-Vizirs*, p. 29-30; Behrnauer, *Die Vierzig Viezere*, p. 20-25). Dans le *Katharitsagara* de Somadeva Bhatta, Sridatta plonge dans le Gange, arrive au monde souterrain qu'il visite et se retrouve ensuite à sa première place (Brockhaus, *Die Mærchensammlung des Somadeva Bhatta aus Kaschmir*, t. I, p. 88 et suiv.).

18. — LE SCORPION ET LE KHAMMÈS

(36) Le texte mzabi de ce conte inédit a été recueilli à Mélika (Mzab), en 1885.

(37) Un miracle, de tout point semblable à celui-ci, est raconté par Ah'med el Abchihi, d'après le célèbre ouali Dzou'n Noun (l'homme au poisson) qui en aurait été témoin. La tortue est remplacée par une grenouille et il s'agit, non de récompenser un acte de charité, mais de corriger un homme de l'ivrognerie en lui montrant le danger qu'il a couru pendant son sommeil (*Mostat'ref*, éd. de Boulaq, t. II, p. 143; Belkassem ben Sedira *Cours de littérature arabe*, p. 38).

Le naturaliste Ed Demiri rapporte la même aventure d'après El Karkhi *(Haiat el Haïouân*, t. II, p. 151-152. Cf. également le *Naouâdir* d'Ah'med El Qalyoubi, 119e hist., p. 48, de l'édition de Boulaq et le *Roudh er Riah'in fi H'ikayât es Salih'in* d'Abou Moha'nmed 'Abdallah b. Sa 'ad el Yafe'i, 231e hist., p. 132, de l'édition de Boulaq).

19. — LE PARI IMPIE

(38) Le texte mzabi de ce conte inédit a été recueilli a Mélika (Mzab), en 1885.

TROISIÈME PARTIE

LÉGENDES ET TRADITIONS HISTORIQUES

20. — ORIGINE DES HABITANTS DE CHERCHEL

(39) Le texte berbère de cette légende m'a été dicté, en 1884, par Si Mohammed 'Abdi et a été publié avec la transcription dans la seconde Série de mes *Notes de lexicographie berbère*, p. 91).

(40) D'après la tradition berbère, *Idjohalen* (les païens, de l'arabe *Djohala*) représentent les populations latines ou latino-lybiques (*Afáriq*, d'Ibn Khaldoun) qui occupaient le pays à l'arrivée des Arabes. Cf. un conte publié par M. Masqueray. *Voyage dans l'Aouras* (Bulletin de la Société de géographie, juillet 1876, p. 55-58).

21. — DESTRUCTION DE CHERCHEL

(41) Le texte berbère de cette tradition m'a été dicté à Cherchel en 1884 par Si Mohammed 'Abdi et a été publié avec la transcription dans la seconde série de mes *Notes de lexicographie berbère*, p. 92-93.

(42) Cet exploit d'Alexandre n'est pas mentionné dans les romans qui lui sont consacrés et dont quelques-uns le conduisent jusqu'aux colonnes d'Hercule. Le géographe El Fezari raconte une légende semblable, à l'occasion de l'étang d'El Mazouqah, près de Bizerte, qui était autrefois une ville, détruite au temps des Grecs de la même manière et pour le même motif que Cherchel. Cf. mes *Documents géographiques sur l'Afrique septentrionale* (Bulletin de la Société de Géographie de l'Est, 1884, p. 626). Les ruines romaines de cette ville qui frappèrent d'admiration les Arabes, donnèrent naissance de bonne heure à toutes sortes de fables (Voir l'*Introduction*, p. VIII).

22. — L'AQUEDUC DE CHERCHEL

(43) J'ai recueilli le texte berbère de ce conte, en 1884, à Cherchel où il m'a été dicté par Si Mohammed 'Abdi; il a été publié avec la transcription dans la seconde série de mes *Notes de lexicographie berbère*.

(44) L'Oued el Hâchem coule à l'Est de Cherchel et se jette à la mer à peu de distance de cette ville.

(45) El 'Anâcer sont des sources situées dans la partie la plus abrupte des montagnes qui forment la ligne de partage des eaux entre le Chelif et les petites rivières du littoral.

23. — CONQUÊTE DE CONSTANTINE PAR LES ARABES

(46) Le texte zouaoua de ce conte, extrait du manuscrit n° 17, fonds berbère, a été publié avec la transcription dans mon *Manuel de langue kabyle* (*Textes* p. 15-16).

(47) On trouvera une autre légende sur la conquête de Constantine, attribuée comme celle-ci à 'Abd Allah ben Djâfer, qui d'ailleurs ne mit jamais le pied en Afrique, dans la *Tradition de l'Aouras occidental* par E. Masqueray (*Bulletin de correspondance africaine* 1885, p. 82.

QUATRIÈME PARTIE

CONTES MERVEILLEUX
LES TRÉSORS, LES DJINNS, LES FÉES, ETC.

---

24. — LE JARDIN HANTÉ

(48) J'ai publié dans mon *Recueil de textes et de documents relatifs à la philologie berbère*, (*Bulletin de Correspondance africaine*, 1885, p. 397-399) le texte de ce conte qui m'a été communiqué en 1883 à Frendah par Ould Tedjini de Bou Semghoun.

(49) Une version arabe de ce conte, beaucoup plus développée, a été publiée par Bresnier (*Cours théorique et pratique de langue arabe* p. 599-613). L'aventure se passe à Alger, 60 ans avant l'arrivée des Français : le père, originaire de Fas, a trois filles dont s'éprennent le fils du pacha, celui de l'agha et celui du crieur public. Lorsque le Marocain en est informé, il fait périr ses trois enfants et part en pèlerinage. La maison abandonnée est hantée par des revenants : deux jeunes gens, poussés par la curiosité, s'y donnent rendez-vous avec un joueur de guitare qui vient seul. A minuit, les trois filles assassi-

nées lui apparaissent, lui font jouer de la guitare et, en dansant, lui jettent l'écorce des oranges qu'elles tiennent à la main ; le lendemain, elle est changée en pièces d'or, en diamants et en perles. L'an suivant, à pareille date, après des prières, il voit apparaître les trois sœurs dont il brûle les linceuils ; elles reviennent à la vie et il épouse la plus jeune d'entre elles.

25. — LA FEMME ET LA FÉE

(50) Le texte berbère de ce conte, communiqué en 1883 à Frendah, par Ould Tedjini de Bou Semghoun, a été publié dans ma troisième série de *Notes de lexicographie berbère*, p. 71-72 et 75.

26. — LA SAGE FEMME ET LA FÉE

(51) J'ai publié dans mon *Recueil de textes et de documents relatifs à la philologie berbère* (Bulletin de correspondance africaine, 1885, p. 399-400) le texte et la transcription de ce conte que m'a communiqué en 1883, à Frendah, Ould Tedjini de Bou Semghoun.

(52) Il existe probablement des variantes de ce conte qu'elles présentent sous une forme plus complète. Comme dans un grand nombre de récits du Nord, la femme était récompensée pour

avoir servi de sage femme à la fée : chez les peuples chrétiens, elle a aussi les fonctions de marraine Cf. Sébillot, *contes populaires de la Haute-Bretagne* 2ᵉ série nº 1, p. 8; nº xi, p. 57; Gregor, *Stories of fairies from Scotland* (*Folklore Journal* 1883 p. 25); Asbjœrnsen, *Norske Huldre Eventyr or Folkesagn* p. 11-14; *Mélusine*, t. I, col. 85-87, etc.

27. — H'AMED BEN ÇEGGAD

(53) Ce conte, dont le texte est indédit, est tiré du manuscrit nº 17 fonds berbère de la Bibliothèque nationale.

(54) La situation de H'amed ben Çeggad, aidé dans les entreprises dont il est chargé grâce aux calomnies de ses envieux par des personnages surnaturels est fréquente dans les contes de fées : je n'en citerai que quelques exemples : Dans la Haute-Bretagne, les parents du petit roi Jeannot l'envoient chercher le Merle blanc et la Belle aux cheveux d'or ; il y réussit grâce aux conseils du renard, mais ses frères tentent de lui enlever la récompense de ses exploits (P. Sébillot, *Contes populaires de la Haute-Bretagne* p. 1, *Le petit roi Jeannot*). Dans celui de *la Princesse aux pêches*, le « bignet » qui aspire à la main de la jeune fille doit amener au roi une charette qui n'ait point été fabriquée par un charron, attelée de chevaux qui n'aient jamais mangé d'herbes et les hommes rencontrés sur la route avant le

lever du soleil. Il est secouru par trois individus doués de facultés extraordinaires : le premier peut remuer une église, le second entend l'herbe pousser, le troisième produit du verglas en crachant et le quatrième porte dans un bissac le jour et la nuit (P. Sébillot, *op. laud.*p. 89-96). Les pâtours, jaloux du prince leur compagnon, persuadent au roi qu'il s'est vanté d'aller chercher la Belle aux clefs d'or dans son château, puis le château lui-même ; il y arrive, aidé par une jument blanche et épouse à la fin la princesse qu'il a ramenée (P. Sébillot, *conte des marins*, p. 130-142, la *Belle aux clefs d'or*). Une épreuve semblable est imposée au troisième fils d'un roi qui parvient à enlever l'eau de la fontaine qui rajeunit ; ses frères essaient de le frustrer du prix de ses efforts (P. Sébillot *op. laud.* p. 156-163, *Le grand coquelicu*). Dans le conte de *Petite-Baguette*, celui-ci est secondé dans son entreprise, reconquérir les filles du roi enlevées par un démon, par trois personnages surnaturels : Brise-Fer, Petit-Palet et Range-Montagne (P. Sébillot, *Contes des paysans et des pêcheurs* p. 137-150). Ailleurs, le filleul du roi, vingt-sixième fils du charbonnier est supplanté par un traître qui persuade au prince d'envoyer son véritable filleul demander au soleil pourquoi le matin il est si rouge, puis d'amener à la cour la princesse de Tronkolaine : il est secouru par un cheval de bois, puis par des fourmis, des éperviers et des lions et finit par épouser la princesse (P. Sébillot, *Contes populaires des provinces de France* p. 36-45, Luzel : *La princesse de Tronkolaine*). La même situation se rencontre dans le conte grec moderne : L'homme sans barbe persuade au roi d'obliger son fils qu'il ne connaît pas, d'aller chercher la chambre d'ivoire, le rossignol et l'hirondelle de muraille (Legrand, *contes populaires de la Grèce moderne, l'Homme sans barbe*, p. 57-76). De même en basque, le capitaine du vaisseau est aidé dans son projet de désemmorphoser le fils du roi changé en serpent, par deux de ses matelots : le premier peut tuer une hirondelle au vol, le second attrapper un lièvre à la course (P. Sébillot, *contes des provinces de France* n° xxvii p. 164-170, Webster, *Mahistruba, le capitaine marin*). Dans le conte lorrain du Petit-bossu, celui-ci réussit, grâce au secours du berger et du renard, à rapporter l'eau qui rajeunit, la mule qui fait des pas de sept lieues et l'oiseau vert : ses deux frères essaient, mais inutilement de le faire périr. (Sébillot *op. laud.* n° 30 p. 180-186, E. Cosquin, *Le petit bossu*.) On peut encore rattacher à la même donnée les contes lorrains de *Jean de l'Ours* (E. Cosquin, *Contes populaires de Lorraine*, t. I, n° 1) : *la Canne de cinq cents livres* (id., t. II, n° 52). Dans le conte écossais des *Trois filles du roi de Lochlin* (Campbell, *Popular Tales of the West Highlands*, n° xvi), le fils de la veuve parvient à délivrer les trois princesses enlevées par un géant, avec l'aide d'un mangeur, d'un buveur et d'un écouteur extraordinaires. Chez les Tchèques, le prince qui va délivrer la jeune fille retenue par un enchanteur est aidé par Long, Large et Clairvoyant (Léger, *Contes populaires slaves*, p. 241-259). Dans la version kalmouke des contes de Siddi-Kūr, Massang, né d'un homme et d'une vache, associe à sa fortune l'homme né de la forêt, l'homme né du gazon et l'homme né du cristal. Plus tard il est trahi par eux (Jülg, *Kalmükische Mærchen*, n° 3), etc. Sur les personnages doués de qualités extraordinaires de ce genre, cf. Benfey, *Das Mærchen von den Menschen mit den wunderbaren Eigenschaften* (*Ausland*, 1858, n°s 41-45) et les remarques de M. Cosquin (*Contes populaires de Lorraine*, t. I, p. 23, et t. II, p. 351).

28. — LE MONSTRE DE TAZALAR'T

(55) Le texte chelha inédit m'a été dicté, en 1883, à Tétouan, par El Hadj Mohammed de Massat.

(56) Les traditions chrétiennes et musulmanes admettent entre l'homme et l'animal une classe d'êtres intermédiaires, participant surtout du premier. Saint Jérôme raconte, dans la *Vie de saint Paul ermite*, que saint Antoine allant visiter son compagnon de solitude, rencontra un faune qui lui demanda de prier pour lui et les siens : « *Mortalis ego sum et unus ex accolis eremi quos vario delusa errore gentilitas Faunos Satyrosque et Incubos vocans colit. Legatione fungor gregis mei. Precamur ut pro nobis communem Dominum depreceris quem in salutem mundi olim venisse cognovimus ut et in universam terram exiit sonus ejus* » (Saint Jérôme,

Vies de saint Paul, de saint Hilarion et de saint Malchus, p. 12-14. Il est à remarquer que cette dernière phrase est empruntée au livre des *Psaumes* (XVIII, 4). Un être de ce genre fut amené à Alexandrie, et après sa mort, son corps fut salé et transporté à Antioche (saint Jérôme, *op. laud.*), mais nous savons par Nicéphore Callistes (IX, 19) qu'il s'agissait d'un singe envoyé par un roi des Indes à l'empereur Constance. On connaît les gorilles dont Hannon rapporta à Carthage les peaux recueillies dans une île près de la Corne du Couchant, les prenant pour des êtres humains (Kluge, *Hannonis Navigatio*, p. 46-47). Chez les Musulmans, plusieurs personnes admettaient trois classes d'êtres raisonnables : les hommes, les *nesnas* et les *nesas*; on plaçait les nesnas soit dans le Hadhramaout, soit en Chine ou aux extrémités de la terre. « Il est à remarquer, ajoute Mas'oudi, que ce sont les peuples de l'Orient qui les relèguent à l'Ouest, tandis que les habitants de l'Occident leur donnent l'Orient pour séjour » (Cf. Mas'oudi, *Prairies d'or*, t. II, p. 56, t. IV, p. 10-18 ; El Qazouini, *Athar el bilâd*, p. 31-41 ; Meïdâni, *Proverbes*, trad. par Quatremère, *Journal asiatique*, 1838, t. I, p. 212).

29. — LA SERVIETTE MAGIQUE

(57) Le texte berbère de ce conte, dicté en 1883 à Tlemcen, par Ah'med ben Mohammed de Aïn Sfisifa, a été publié avec la transcription dans

mon *Recueil de textes et de documents relatifs à la philologie berbère (Bulletin de correspondance africaine*, 1885, p. 417-419).

(58) La première partie de ce conte rappelle celui de Djouder le Pécheur, ou d'Aladin et de la Lampe Merveilleuse (Galland, *Mille et une Nuits*, t. III, p. 58-194). On sait que cette histoire n'existait pas dans les recensions arabes des *Mille et une Nuits* qui nous étaient parvenues, et l'on avait expliqué cette lacune en supposant que Galland avait intercalé dans sa version des contes qu'il avait recueillis oralement dans les cafés de Haleb ou de Constantinople. Quelques-uns de ces contes viennent d'être retrouvés dans un manuscrit récemment acquis par la Bibliothèque Nationale. Cf. une note de M. Zotenberg, *Journal asiatique*, 1887, t. I, p. 300. Le récit traduit ici, tel que je le tiens du tailleur de 'Aïn Sfisifa, me paraît être incomplet : le chandelier et la lampe n'y jouent aucun rôle, ou plutôt, le leur paraît avoir été attribué à la serviette. Un conte inédit en dialecte chelh'a (Bibliothèque Nationale, fonds berbère n° 4, *Kitab Amazir*, p. 245) met en scène un barbier qui, pour prix de services rendus à un sorcier, reçoit de ce dernier une bourse de 100 pièces d'or et un candélabre à sept branches. Quand il allume les sept bougies, sept jeunes filles apparaissent et chantent jusqu'à ce que les lumières s'éteignent. Alors elles disparaissent en laissant chacune au barbier cent pièces d'or. Le roi s'empare du candélabre merveilleux, mais dès qu'il l'a allumé, il voit apparaître sept nègres qui le rouent de coups. Il rend cet objet au barbier dont

il fait son vizir. Un conte grec moderne, recueilli par Hahn, renferme les mêmes données, seulement il y a quarante jeunes filles au lieu de sept (cf. Gidel, *La Grèce populaire, Contes populaires, Revue politique et littéraire*, 1881, 1ᵉʳ semestre, p. 275). Cf. une donnée à peu près semblable dans un conte du Bengale (Lal Behari Day, *Folk tales of Bengal*, n° 3). Quant à la serviette, elle devait avoir probablement la même puissance que dans les contes occidentaux où elle fournit à son possesseur les mets qu'il peut désirer : cf. en Italie le conte de *Fanta Ghiro* (Marc Monnier, *Contes populaires en Italie*, p. 249), *Ari, ari, caga danari* (Bernoni, *Fiabe popolari veneziane*, n° 9), celui de l'*Homme sauvage* (Basile, *Pentamerone übers. v. Liebrecht*, t. I, 1ᵉʳ jour, 1ʳᵉ histoire); en France : *Tapalapatau* (Cosquin, *Contes populaires de Lorraine*, t. I, n° 4, *Jean de la Noix*, Cosquin, *Contes populaires de Lorraine*, t. II, n° 39), *Le pois de Rome* (ibid., n° 56), *Le château du diable* (Carnoy, *Littérature orale de la Picardie*, p. 292), *Les cornes enchantées* (P. Sébillot, *Contes populaires de la Haute-Bretagne*, p. 30); en Écosse : *Les trois souhaits* (Campbell, *Westhighland's popular tales*); en Bohême : *le Bâton enchanté* (Léger, *Contes populaires slaves*, p. 147); en Hongrie : *Les trois cadeaux du mendiant* (Stier, *Ungarische Sagen und Mærchen*, p. 79). Dans la version kalmouke des contes de Siddhi Kūr : *Le magicien qui vainquit le khān* (Jūgl, *Kalmūkische Mærchen*, vɪᵉ histoire), il s'agit d'une coupe. La nappe d'or que Rhampsinite, au dire d'Hérodote (*Histoire*, l. VI, c. cxxɪɪ), rapporta des enfers où il avait joué aux dés avec Démêter, était peut-être faite de la même étoffe que la serviette dont il est question ici, d'autant qu'il est question d'un personnage de conte populaire égyptien : M. Maspéro a tenté *(Nouveaux fragments d'un commentaire sur le second livre d'Hérodote,* p. 47) d'identifier Rhampsinite avec Setni, dont les aventures ne sont pas moins merveilleuses. — Parfois, dans certaines versions, la serviette est remplacée par une table : en Angleterre, *Jack Luck* (Fryer, *Book of english fairy tales,* p. 104); en Italie : Gubernatis, *Novelline di S. Stefano,* n° 21; en France : *Les trois dons du sorcier* (Carnoy, *Littérature populaire de la Picardie,* p. 308 et les références citées), *Norouas* (P. Sébillot, *Contes des marins,* p. 230); *Svrouas* (P. Sébillot, *op. laud.,* p. 235); *Histoire du bonhomme Maugréant* (P. Sébillot, *Contes des provinces de France,* p. 46); en Allemagne : *Tischchen deck dich* (Grimm, *Kinder und Hausmærchen,* p. 142); *La chèvre, le tailleur et ses trois fils* (Alexandre Dumas, *L'homme aux contes,* p. 267); en Bohême : *La table, la musette et le sac* (Léger, *Contes populaires slaves,* p. 15); en Lithuanie : *Du pauvre à qui un vieux petit homme donna une petite table, un petit agneau et un gourdin* (Leskien und Brugman, *Litauische Volkslieder und Mærchen,* p. 164 et les références citées); en Russie, cf. Afanasiev, *Narodnyia russkiia skazki,* t. II, p. 219 et p. 223. Sur ces divers objets magiques, cf. les notes publiées par M. S. Prato *(Novellina popolare monferrina).*

30 — LE MARI DE LA FÉE

(59) Le texte berbère qui m'a été communiqué à Frendah en 1883 par Ould Tedjini, de Bou Semghoun, a été publié dans la troisième série de mes *Notes de lexicographie berbère*, p. 73, 76 et dans mon *Manuel de langue kabyle* (*Textes*, p. 35).

(60) Bou Semghoun, ainsi nommé d'un célèbre ouali dont la qoubbah existe encore, est un des qs'our du Sud oranais où l'on parle encore berbère; il se divise en deux quartiers, celui des At-Mousa et celui des At-Mas'oud : cette bourgade fut, au xviiie siècle, le berceau de l'ordre religieux des Tedjinis, dont les principales zaouïas sont celles de 'Aïn Madhi et de Temacin en Algérie (cf. El Aïachi et Moula Ah'med, *Voyages dans le sud de l'Algérie et des États barbaresques*, tr. Berbrugger. p. 29 et 197-98; Daumas, *Le Saharah algérien*, p. 246; Leclerc, *Les oasis de la province d'Oran*, p. 67-68 et mes *Notes de de lexicographie berbère*, iiie série, p. 8, 12-13, 77-81).

(61) Ouarqa, situé non loin de Bou Semghoun, près de la montagne de Ghezala, possède des eaux thermales, ce qui explique l'existence de certaines légendes (cf. mes *Notes de lexicographie berbère*, iiie série, p. 81).

31. — L'ENFANT ET LE ROI DES GÉNIES

(62) Le texte zouaoua de ce conte, tiré du manuscrit n° 17, fonds berbère de la Bibliothèque nationale, a été publié dans mon *Manuel de langue kabyle (Textes*, p. 17-19).

(63) L'interdiction de prononcer le nom de Dieu sous peine de voir rompre une opération magique, se rencontre déjà dans les *Mille et une Nuits* : le troisième fils du roi devenu calender, ne doit pas prononcer le nom de Dieu devant le batelier qui doit le sortir de l'île d'Aimant après qu'il aura abattu le cavalier d'airain *(Elf leïlah ou leilah*, éd. de Boulaq, t. I, p. 41).

(64) L'histoire de Yadjoudj et de Madjoudj (*Gog et Magog*) a été empruntée par les Arabes aux traditions juives. Magog est mentionné dans la Genèse (X, 2) comme le second fils de Japhet ; et le prophète Ézéchiel (Hizqiel) nomme « Gog, du pays de Magog, prince de Roch, de Mechekh et de Toubal » comme le futur envahisseur de l'Asie antérieure et citérieure. On a, avec vraisemblance, assimilé cette invasion à celle des Scythes et des Cimmériens dont il est question dans Hérodote (*Histoires*, l. I, ch. 15, 37, 73, 103, 105-106) et Diodore de Sicile (*Bibliothèque historique*, II, 43) cf. Josèphe, *Antiquités judaïques*, l. I, ch. vi, 1 ; saint Jérôme, *Commentaire sur Ézéchiel*, xxxviii, 2. Ce fait historique se transforma plus tard en prophétie fabuleuse : l'*Apocalypse* (XX, 7-10), annonce qu'à la fin des temps

l'Antechrist réunira les peuples de Gog et Magog (Gog, nom d'homme, est pris pour une nation) et s'emparera du monde. C'est la source de la légende arabe *(Qoran,* XXI, 95-97) d'après laquelle Yadjoudj et Madjoudj, contenus par la muraille du Caucase, finiront par forcer cet obstacle et se répandront sur toute la terre. Quelques faits historiques se rencontrent dans cette tradition; ainsi la fermeture des défilés du Caucase par les rois arsacides ou sassanides pour garantir leurs États d'une invasion d'un peuple du Nord, pareille à celle qui avait eu lieu au temps de Cyaxares et de Psammétique. On attribuait la première construction de cette muraille à Alexandre Dzou'l Qarnaïn (Knoes. *Chrestomathia syriaca,* p. 66; *Qoran,* XVIII, 91-98; Ferdaousi apud Weisman, *Alexander, Gesdichte des zwœlften Jahrhunderts,* t. II, p. 553-555; Mas'oudi, *Prairies d'or,* t. II, p. 308; d'Herbelot, *Bibliothèque orientale* s. v[is] *Jagiouge* et *Magiouge;* D'Anville, *Du rempart de Gog et Magog, Mémoires de l'Académie des Inscriptions,* ancienne série, t. XXXI, p. 210; Reinaud, *Description des monuments du cabinet du duc de Blacas,* t. I, p. 174; C. Müller, *Introduction au Pseudo Callisthènes,* p. x; Chassang, *Histoire du roman dans l'antiquité grecque et latine,* p. 331-335; Graf, *Roma nella memoria e nelle imaginazioni del medio evo,* t. II, 507-563; Meyer, *Alexandre le Grand dans la littérature française au moyen âge,* t. II, p. 386; Fr. Lenormant, *Les origines de l'histoire d'après la Bible,* t. II, 1re partie, p. 412-476). Les traditions arabes prétendent que Gog et Magog rongent avec leur langue cette muraille de fer qui repousse au fur et à mesure, mais qu'ils perceront quand apparaîtra l'Antechrist (Moh'ammed b. Ah'med b. Ayâs et Hânefi, *Badaï'ez Zohour fi ouaqaï ed dohour*, éd. de Boulaq, p. 130-132) Les khalifes musulmans craignirent souvent et à juste titre une invasion venue du Nord ; en effet, Baghdad succomba sous les coups des Moghols; aussi le khalife El Ouathik billah (iii° siècle de l'hégire) après un songe où il avait cru voir ouverte la muraille de Yadjoudj et Madjoudj, envoya Sellam l'interprète visiter les pays au nord du Caucase et examiner si les barbares se préparaient à une invasion (Ibn Khordadbeh, *Le livre des routes et des provinces*, traduit par Barbier de Meynard, *Journal asiatique*, 1885, t. I, p. 490-496).

(64 *bis*) Ce conte appartient, comme celui de H'amed ben Çeggad, au genre énigmatique mais il faut convenir que les allégories et les explications qu'il renferme ne se recommandent ni par une grande clarté ni par un grand sens. Un conte alsacien en renferme du même genre, mais mieux conduites et mieux exposées (Sébillot, *Contes des provinces de France*, n° XLIV, *La Tête de mort qui parle*).

32. — LA FÉE ET LES TALEBS

(65) J'ai publié dans mon *Manuel de langue kabyle* (*Textes*, p. 35-36) le texte de ce conte

qui m'a été dicté à Tétouan en 1883 par El H'adj Moh'ammed de Massat.

(66) Les Aït Arous habitent dans la partie occidentale du nord du Maghreb, près de la ville d'El 'Araïch (Larrache) qu'ils ont probablement fondée (cf. Renou, *Description de l'empire du Maroc*, p. 315).

(67) L'arganier ou argan (*elæodendron argan*) fournit une huile depuis longtemps employée par les habitants du Maroc méridional. El Edrisi (*Description de l'Afrique et de l'Espagne*, éd. Dozy et de Gœje, p. 75) donne les détails suivants : « La tige, les branches et les feuilles de cet arbre ressemblent à celles du prunier; le fruit, par sa forme, ressemble au fruit appelé '*oyoun* (sorte de prune noire); lors de son premier développement, la peau en est mince et verte, mais elle devient jaune quand le fruit est mûr; il est d'un goût âpre et acide et n'est point mangeable; le noyau ressemble à celui des olives, car il est dur et pointu. On recueille ce fruit à la fin de septembre et on le donne aux chèvres qui l'avalent après avoir brouté l'enveloppe extérieure; elles le rejettent quelque temps après; on le ramasse, on le lave et, après l'avoir cassé et broyé, on le presse et on en extrait beaucoup d'huile d'un très beau noir, mais désagréable au goût. Cette huile est d'un usage fréquent dans le Maghreb occidental, où elle sert même pour l'éclairage. Les marchands qui vendent des beignets dans les carrefours l'emploient pour la friture, et elle n'est pas désagréable dans cette pâtisserie, quoique, lorsqu'elle vient en contact avec le feu,

elle exhale une odeur âpre et fétide. Les femmes maçmoudiennes s'en servent à la toilette pour faire croître, tresser et teindre leurs cheveux ; par ce moyen, ils deviennent lustrés et d'un très beau noir ». El Bekri (*Description de l'Afrique septentrionale*, p. 357-358) donne les mêmes détails sur l'argan qui porte aussi le nom de *helgan* ou de *louz el Berber* (amande des Berbères) : pour extraire l'huile, on laissait pourrir les fruits amassés en tas, afin d'en dégager le noyau, au lieu de les faire avaler par des chèvres. Cf. aussi Graberg de Hemsœ, *Specchio dell'impero di Marocco*, p. 114-115, Lenz, *Timbouctou*, t. I, p. 334-337.

33. — L'OGRE ET LES DEUX FEMMES

(68) Le texte berbère que m'a dicté en 1884 à Cherchel Moh'ammed 'Abdi a été publié dans la seconde Série de mes *Notes de lexicographie berbère*, p. 109-111.

34. — L'INSCRIPTION MYSTÉRIEUSE

(69) J'ai donné dans la troisième série de mes *Notes de lexicographie berbère* (p. 72 et 76) le texte et la transcription de cette légende qui m'a été communiquée en 1883 à Frendah par Ould Tedjini.

(70) Le Djebel Tameddah est à l'extrémité sud de l'une des chaînes de montagnes, formant un défilé qui aboutit au qs'ar de Bou Semghoun. Il s'y trouve une source : la montagne est parsemée de thuyas et de genévriers (cf. *Notes de lexicographie berbère*, III° Série, p. 80 ; Leclerc, *Les oasis de la province d'Oran*, p. 60). En berbère, *Tira* signifie *écriture*.

35. — LES SEPT FRÈRES

(71) Le texte zouaoua de ce conte inédit existe à la Bibliothèque nationale, fonds berbère n° 17.

(72) Dans les contes de ce genre, les sept (ou les douze frères) quittent d'ordinaire la maison paternelle lorsqu'il leur naît une sœur et non un frère. Le sujet roule alors sur les tentatives faites par la jeune fille pour les retrouver et les ramener. Cf. P. Sébillot, *Contes populaires de la haute Bretagne*, p. 170-173, *La fille et ses sept frères* ; id., *Contes des paysans et des pêcheurs*, n° XXVII, p. 150-157, *Les sept garçons et leur sœur*. Dans le n° XXVII *bis* qui porte le même titre, p. 158-161, c'est le père qui tuera ses sept fils si le huitième enfant est une fille. De même dans le conte allemand, *Les douze frères*, ceux-ci, menacés d'être tués par leur père si leur mère accouche d'une fille, se hâtent de quitter la maison paternelle, lorsqu'il leur naît une sœur (Grimm, *Kinder-und Hausmærchen*, n° IX, p. 37-42). Dans un récit zouaoua, les sept frères s'expatrient sur la

fausse nouvelle, donnée par leur tante, que leur mère a mis au monde un fils, tandis qu'en réalité, elle est accouchée d'une fille (Rivière, *Contes populaires de la Kabylie du Jurjura*, p. 44-49, *Les Sept Frères*). Le *Pentamerone* de Basile renferme l'histoire des sept frères qui abandonnent leur maison parce que leur mère ne leur donne pas de sœur. Trompés par un faux avis, ils errent dans le monde, tandis qu'une fille, née pendant leur absence, se met à leur recherche et finit par les ramener (Liebrecht, *Der Pentamerone*, 4ᵉ j. 8ᵉ histoire, *Les sept pigeons*).

(73) Cette première partie du conte, la jalousie des frères, la descente dans la citerne, le plus jeune vendu comme esclave et repoussant les propositions de la femme de son maître semble imitée de l'aventure de Joseph (*Genèse*, XXXVII, XXXIX).

(74) La fin de ce conte correspond à la formule XIII de Hahn : délivrance d'une jeune fille exposée à un dragon. Sans citer tous les innombrables récits qui se rattachent à ce thème, je mentionnerai seulement ceux de *Persée et Andromède* (Aristophane, *Thesmophoriazousae*, v. 1055-1135; Lycophron, *Alexandra*, v. 836-839; Apollodore, *Bibliothèque*, l. II, ch. IV, p. 50-51; Ovide, *Métamorphoses*, l. IV, v. 662-751; Strabon, *Géographie*, l. XVI, ch. II, 28; *Anthologie grecque*, de Planude, t. III, n° 158; Lucien, *Dialogues marins*, n° XIV; Conon, *Narrationes amatoriae*, n° XL); — d'*Héraclès et Hésione* (Lycophron, *Alexandra*, v. 470-479; Apollodore, *Bibliothèque*, l. II, ch. V, p. 65-66;

Diodore de Sicile, *Bibliothèque historique*, l. IV. ch. XLII; Strabon, *Géographie*, l. XIII, ch. 1, 32; Valérius Flaccus, *Argonautiques*, l. II, v. 451-544); — de *Ragnar Lodbrok et Thora* (Lie recht, *Die Ragnar Lodbrokssage in Persien. Zur Volkskunde*, p. 65-73); — du *Dragon de Kandahar* (P. Lerch, *Ein Beitrag zu den Localsagen über Drachenkæmpfe*, Orient und Occident, t. I, p. 751-754); — de *S. Georges* (Clermont-Ganneau, *Horus et S. Georges*); — de *Roger et Angélique* (L'Arioste, *Orlando furioso*, ch. x, str. 92-112); — du *Jeune homme qui délivra trois princesses du dragon* et de l'*Ancien soldat qui délivra trois princesses* (Leskien und Brugman, *Litauische Volkslieder*, n°ˢ 14 et 16, p. 404 et 407); — de *Dobrynia Nikititch* (cf. Rambaud, *La Russie épique*, p. 65-69, 165-171. Sur des contes russes du même genre cf. Afanasiev, *Narodnyа rousskiia skazki*, t. II, n° XXI, p. 227; t. VI, n° 52 à p. 250; t. VII, n° 39, p. 277); — du *Monstre Norka* (Ralston, *Contes populaires de la Russie*, tr. Brueyre, p. 77); — des *Sept frères* (Campbell, *Popular tales of the West Higlands*, t. I, n° 4); — du *Fils du pêcheur et de la princesse* (Legrand, *Contes populaires grecs*, p. 169-173, *Le petit Rouget sorcier*; Buchon, *La Grèce continentale et la Morée*, p. 263 et suiv.); — de La Loubie et la fille du roi dans le récit albanais de Persée (Hahn, *Griechische und albanische Mærchen*, n° 98); — de *Cienzo* (Basile, *Pentamerone*, tr. Liebrecht, 1ᵉʳ jour, 7ᵉ histoire), le même que le conte allemand des *Deux Frères* (Sonuner, *Sagen, Mærchen und Gebræuche aus Sachsen*, n° VII;

Alexandre Dumas, *L'Homme aux contes*, p. 160)
et que le conte magyar des *Trois fils de roi*
(Stier, *Ungarische Sagen und mærchen*, nº 1); —
du *Mage aux Sept têtes* (Imbriani, *La novellaja
fiorentina e la novellaja milanese*, nº XXVIII,
p. 375); — *Les Trois frères* (id., p. 387); — *Le
Mage à sept têtes* (Nerucci, *Sessanta novelle popolari montalesi*, nº VIII, p. 61); — de la *Bête à
sept têtes* (Bernoni, *Fiabe popolari veneziane*, I,
nº 10); — de la *Bête à sept Têtes* (Ortoli, *Contes
populaires de l'île de Corse*, nº 18); — du *Tartaro
reconnaissant et le serpent à sept têtes*, en basque
(P. Sébillot, *Contes des provinces de France*,
nº 1); — de *Jean sans Peur* (P. Sébillot, *Contes
populaires de la Haute-Bretagne*, p. 79-81) le
même que le conte flamand de *Culotte-Verte* (Ch.
Deulin, *Contes d'un buveur de bière* p. 57); — des
Fils du pêcheur (Cosquin, *Contes populaires de
Lorraine*, t. I, nº 5, p. 60) et de la *Bête à sept
têtes* (id., t. I, p. 64); — des *Deux Frères* (Rivière, *Contes populaires de la Kabylie du Jurjura*, p. 175-176); — de *l'Etranger et le serpent
d'eau* (Schœn, *Haussa readingbook*, appendice,
p. XVI-XVII; id., *Dictionary of the hausa language*, appendice, p. XVI-XVII; id., *Magana hausa*,
p. 144; *Mélusine*, t. III, 1886, col. 226-227); —
du *Sultan d'Yémen et de ses trois fils (Mille et une
Nuits*, éd. du Panthéon littéraire, p. 712); — de
Samba (Bérenger-Féraud, *Contes populaires de la
Sénégambie*, p. 39-40), etc. Sur le sens particulier
de ce conte cf. Schwartz, *Der Ursprung der Mythologie*, p. 80 et suiv.; Cassel, *Drachenkæmpfe*.
Il est possible que le conte berbère ne nous soit

pas arrivé complet ; comme dans la plupart de ceux qui sont cités, le jeune homme, après avoir délivré la princesse, devait avoir la précaution de couper les langues du monstre, de façon à confondre plus tard l'imposteur qui, ramassant les têtes, se prétendrait le libérateur de la jeune fille.

36. — L'OISEAU MERVEILLEUX ET LE JUIF

(76) Le texte et la transcription de ce conte, qui m'a été dicté à Tlemcen, en 1883, par Ah'med ben Moh'ammed de 'Aïn Sfisifa, ont paru dans mon *Recueil de textes et de documents relatifs à la philologie berbère (Bulletin de correspondance africaine*, 1885, p. 419-422).

(77) Ce conte offre une ressemblance frappante avec d'autres du même genre, recueillis en Allemagne et en Italie. Dans les *Deux Frères* (Grimm, *Kinder und Hausmærchen*, n° 60), deux enfants d'un homme pauvre mangent aussi le foie et le cœur d'un oiseau merveilleux que leur oncle se promettait de manger tout entier, ce qui devait lui faire trouver chaque matin une pièce d'or sous son oreiller. Furieux, il persuade à son frère de les perdre dans un bois ; ils sont recueillis par un chasseur. Après diverses aventures, l'un d'eux devient roi, et en danger de périr dans une forêt enchantée, il est sauvé par son frère. Cette dernière partie appartient sans doute à un autre récit. Une version recueillie par Sommer (*Sagen und Mærchen*, p. 113, *Les deux frères*) roule

sur les mêmes données, ainsi qu'un conte italien, *Les cornes* (Marc Monnier, *Contes populaires en Italie*, ch. VII, p. 106) ; ici, outre l'or qu'ils trouvent tous les matins, les deux enfants sont prédestinés, l'un à devenir roi, l'autre à devenir pape : celui-ci est désigné aux suffrages du clergé par la colombe lâchée pour guider l'élection. Peut-être, dans la recension primitive berbère, les trois pigeons, dont on ne saisit pas bien le rôle, avaient-ils une destination semblable. Dans un conte breton (P. Sébillot, *Contes populaires de la Haute-Bretagne*, p. 97-104), l'oiseau bleu pond chaque jour un œuf d'or ; celui qui mangera sa tête sera roi, celui qui mangera son cœur trouvera tous les matins un morceau d'or. Le fils du roi l'achète, mais les fils de la fermière chez qui était l'oiseau parviennent à le manger et jouissent des privilèges annoncés ; divers incidents étrangers sont mêlés à la fin du conte. On serait tenté de croire que, d'une façon ou d'une autre, le récit italien avait pénétré en Afrique, et, par l'intermédiaire de l'arabe, jusque dans l'oasis berbère de 'Aīn Sfisifa ; mais un conte en dialecte arabe d'Égypte nous offre, avec le berbère, des points communs qui manquent dans les versions allemandes, italienne et bretonne. Un musicien ambulant possède une poule qui pond chaque jour un œuf acheté par un Juif vingt pièces d'or. En l'absence du mari, le Juif fait tuer la poule par la femme et la fait cuire, mais le fils du musicien s'empare du gésier et le mange, ce qui lui donne une force immense. Le reste du récit s'accorde avec la version italienne du conte des *Cornes* dont le développement est étranger au sujet qui nous occupe (Spitta-bey, *Contes arabes modernes*, n° IX, *Histoire du musicien ambulant et de son fils*). Cette donnée se rencontre également dans les contes de l'Asie septentrionale : dans la version kalmouke des contes de Siddhi-Kur, le fils d'un khân et son ami, livrés à deux dragons des eaux, apprennent qu'ils peuvent leur abattre la tête à coups de bâton, et que s'ils les mangent, celui qui aura tué le dragon jaune crachera de l'or, et celui qui aura tué le dragon vert, des pierres précieuses (Jülg, *Kalmükische Mærchen : Die Mærchen des Siddhi-Kür*, n° 11). Cf. un conte de la version turque du *Touti Nameh* (trad. Rosen, t. II, p. 231) où Ferid mange par mégarde la tête d'un oiseau, ce qui lui assure une couronne à l'encontre d'un changeur qui veut le faire périr. Le point de départ est probablement l'Inde ; c'est à un récit de ce genre que paraît faire allusion un passage de la *Brihat kathamanjari* de Kshemendra, à propos de la fondation de Pataliputra : « L'enfant du brahmane reçut de l'épouse de Gauri le don de trouver toujours de l'or sur sa tête. Grâce aux mille pièces d'or qu'il recevait ainsi chaque jour, il finit par monter sur le trône » *(La Brihat kathamanjari de Kshemendra*, par Sylvain Lévi, *Journal asiatique*, novembre-décembre 1885, p. 458). De l'Inde, ce conte, comme maint récit bouddhique, passa en Sibérie et dans le Turkistan ; de là, probablement par l'intermédiaire des Moghols et des Slaves, il se répandit dans l'Europe occidentale, tandis qu'une autre version, selon toute apparence venue par la Perse, pénétrait en arabe et de là en berbère.

37. LA CAVERNE DES DJINNS

(78) Le texte chelh'a inédit m'a été dicté à Tétouan, en 1883, par El H'adj Moh'ammed de Massat.

38. — LA COLLINE DES DJINNS

(78) J'ai publié dans la troisième série de mes *Notes de lexicographie berbère* (p. 74 et 77) le texte et la transcription de cette légende qui m'a été communiquée, en 1883, à Frendah, par Ould Tedjini.

(80) La colline d'Illa-Illa est auprès du qs'ar de Bou Semghoun.

39. — LA PIERRE FONDUE

(81) Le texte et la transcription de ce conte que j'ai recueilli à Frendah, en 1883, d'Ould Tedjini, ont été publiés dans la troisième série de mes *Notes de lexicographie berbère*, p. 73, 76.

(82) Ouarqa, près de Bou Semghoun, renferme deux lacs et des eaux thermales qui donnent

naissance à deux rivières d'eau salée (cf. *Notes de lexicographie berbère*, troisième série, p. 81).

40. — LE TRÉSOR DE RAS EL 'AÏN

(83) Le texte inédit de ce récit m'a été dicté, en 1883, à Tétouan, par El H'adj Moh'ammed de Massat.

(84) Bien que le nom de Ras el Oued *(la tête de la rivière)* soit très fréquent dans la synonymie géographique du Maghreb, il s'agit sans doute ici de la rivière mentionnée par Cochelet à douze heures environ de Taroudant, et à trois journées d'Agadir. Ce Ras el Oued serait, d'après Renou *(Description du Maroc*, p. 58), le cours supérieur de l'Oued Sous; il est aussi mentionné dans les itinéraires de Venture de Paradis *(Grammaire et dictionnaire berbère)*, de Jackson et de Davidson *(African Journal*, p. 176).

(85) Léon l'Africain mentionne dans cette contrée une ville de Tihout (Tiout), près d'un ruisseau qui coule au pied d'une montagne au sommet de laquelle est Tasegdelt (la Tesekdelt d'Edrisi). Tiout, située dans une plaine, fut prise par les Portugais en 1514.

(86) Ras el 'Aïn est cité par Davidson dans son itinéraire de Maroc à Mogador, à une journée et demie de cette dernière ville.

41. — LE TRÉSOR DE ʿASLA

(87) J'ai publié dans mon *Recueil de textes et de documents relatifs à la philologie berbère* (*Bulletin de Correspondance africaine*, 1885, p. 389-390) le texte et la transcription de ce conte qui m'a été communiqué, en 1883, à Frendah, par Ould Tedjini.

(88) Asla, qs'ar du sud oranais, à 14 kilomètres S.-O. de Chellala et 40 kilomètres N.-E. de Tiout, est une petite oasis d'un kilomètre de longueur, renfermant 400 habitants ; elle est traversée par une rivière nommée Bou Ghara, un des affluents de l'Oued Melah. On y voit les qoubbas de Sidi Ah'med el Medjdoub, Sidi Toumi, Sidi Moh'ammed bou Semab'a et Sidi Moh'ammed Ou'l H'afian (cf. *Recueil de textes et de documents relatifs à la philologie berbère*, p. 343).

(89) Ghoundjaïa ou Ghoundjaï est une montagne qui domine Tiout et qui fait partie de la ceinture du bassin de l'O. Namous : de là sortent les sources d'El Mordj et de Mas'oûd (Daumas, *Le Saharah algérien*, p. 248 ; Dastugue, *Hauts plateaux et Sahara de l'Algérie occidentale*, *Bulletin de la Société de géographie*, février 1874, p. 128). La tradition y place la ville des Djinns et de nombreux trésors (*Recueil de textes et de documents relatifs à la philologie berbère*, p. 391).

42. — MOITIÉ DE COQ

(90) Le texte et la transcription de ce récit, qui m'a été conté à Cherchel en 1885 par Moh'ammed 'Abdi, ont été publiés dans mon *Recueil de textes et de documents relatifs à la philologie berbère* (*Bulletin de Correspondance africaine*, 1885, p. 317-326).

(91) Le conte de Moitié de coq existe dans diverses provinces de France avec des détails plus ou moins différents. Entre toutes, la version de la Haute-Bretagne est une des plus semblables à celle de Kabylie : une femme partage un coq avec son mari; la moitié qui lui appartient trouve une bourse d'or que le roi lui enlève; elle se met en route pour la reprendre et emmène sous son aile le renard, le loup et la Seine. Arrivée à Paris, elle est jetée par ordre du roi dans la basse-cour, dont le renard dévore les habitants, puis dans l'écurie pour être foulée aux pieds par les chevaux : ceux-ci sont égorgés par le loup; enfin dans un bûcher qui est éteint par la Seine; le roi est obligé de rendre à Moitié de coq la bourse qu'il lui avait enlevée (P. Sébillot, *Contes des paysans et des pécheurs*, p. 317-321). La version poitevine de *Mouété de quene* (Moitié de cane) est identique à celle de la Haute-Bretagne : l'échelle et le rocher ont été ajoutés aux trois auxiliaires de la cane (P. Sébillot, *Contes des provinces de France*, p. 281-289). Une autre recension (*Bout de canard*), mais où manque le loup, a été pu-

bliée par M. Ch. Marelle (*Contes et chants populaires français*, ap. Herrig's, *Archiv für das Studium der neueren Sprachen*, Brunswig, 1876). Dans un conte du pays messin recueilli par M. Nérée Quépat (René Paquet), Moitié de coq, allant réclamer une bourse d'argent, est sauvée par l'échelle, la rivière et le loup (*Mélusine*, t. I, 1877, p. 181-182). En Picardie, Coquelet (le petit coq), allant à Paris vendre une perle, s'adjoint pareillement la rivière, le renard et le loup qu'il cache sous sa queue. Un fermier lui donne l'hospitalité dans son étable; il fait dévorer les moutons par le loup; un aubergiste le loge dans le poulailler, il fait croquer les volailles par le renard; pour punir un paysan qui le faisait coucher sous une chaise, il lâche la rivière qui noie tous les environs et arrive sans encombre à Paris (Carnoy, *Littérature orale de la Picardie*, p. 214 217). — La version albanaise (*le Coq et la Poule*, Dozon, *Contes populaires albanais*, n° 23) est plus rapprochée du kabyle : le coq va chanter dans le jardin du roi qui le fait enfermer dans son trésor où il se gorge de sequins, puis fait le mort. On le jette dehors; il revient vers son maître qui, sur son conseil, le suspend par les pattes et le frappe à coups de bâton jusqu'à ce qu'il ait dégorgé l'or qu'il avait avalé. Une voisine veut s'enrichir de même avec sa poule; celle-ci avale des serpents sur le conseil du coq, et lorsque sa maîtresse la suspend et la frappe, les reptiles sortent et la dévorent. Diverses versions de ce conte se rencontrent chez les Slaves du sud : trois ont été recueillies par Matija Kracmann Valjavec (Krauss,

Sagen und Mærchen der Süd Slaven, t. I, n° 26, p. 95-97, *Coq et Poule*). Dans celle-ci, un mari et une femme, en se séparant, se partagent tout ce qu'ils possèdent : le premier prend le coq, la seconde la poule. Elle refuse un œuf à son mari malade; celui-ci congédie le coq qui va chercher fortune : il rencontre le loup, le renard, le ruisseau, le rucher qu'il loge dans son corps, et arrivé à une ville chante une chanson injurieuse pour le roi : celui-ci le fait jeter dans l'écurie dont le loup tue les chevaux; dans la basse-cour des oies qui sont étranglées par le renard, dans un poêle qu'éteint le ruisseau. Le coq, qui chaque fois a entonné sa chanson, est repris et mis dans la chambre du trésor, mais les abeilles empêchent les serviteurs d'en refermer les portes; il en profite pour se couvrir de ducats qu'il rapporte à son maître. La femme envieuse envoie à son tour sa poule chercher fortune; elle ne lui rapporte qu'un denier, une épingle et des cailloux : la femme va demander pardon à son mari qui se réconcilie avec elle. On remarquera que, comme le texte kabyle, la version slave et l'albanaise possèdent la contre-partie morale du conte; la punition de l'envieuse qui croit réussir par les mêmes moyens; de même nous retrouvons dans la première les formules en vers par lesquelles le coq appelle ses alliés à son secours, sa chanson contre le roi et les paroles qu'il adresse à son maître à son retour, paroles imitées par la poule. D'un autre côté le kabyle qui a conservé, comme les recensions occidentales, le personnage singulier d'une moitié d'animal, l'explique par un partage qui, dans les textes orientaux (slave et albanais), porte, d'une manière plus raisonnable, sur un coq et une poule. Le kabyle nous a donc conservé la forme la plus ancienne de ce conte : peut-être l'a-t il emprunté à l'arabe d'où il serait également passé, par l'intermédiaire du turc, en albanais et en slave. La source immédiate des versions occidentales (bretonne, poitevine, picarde et lorraine) est plus difficile à établir.

43. — LE PRÉSENT DE LA FÉE

(92) Le texte et la transcription de ce conte qui m'a été communiqué à Frendah en 1883 par Ould Tedjini, ont été publiés dans la troisième Série de mes *Notes de lexicographie berbère* (p. 73, 76-77).

(93) Dans les traités de démonologie musulmane, on appelle '*Ifrit* les génies qui enlèvent les femmes (El Abchihi, *Mostat'ref*, t. II, p. 161). La métamorphose de la cendre en pièces de monnaie, se rencontre fréquemment dans les diverses littératures : quelquefois ce sont des pierres, des charbons, de la paille, des débris de plats à la place de la cendre. Cf. un conte lorrain : *lè Fiove dou père Chalât :* pour avoir gardé la vache des fées, il reçoit une pelletée de braises qu'il jette; un seul morceau resté par hasard, devient un louis d'or (Adam, *Les patois lorrains*, p. 408-409). Dans un conte de Bendorf, une jeune fille, après avoir essayé en vain d'allumer du feu pen-

dant la nuit, emprunte à trois reprises des charbons incandescents au foyer de trois inconnus qui disparaissent sur le coup de minuit. Les charbons s'éteignent, et le lendemain ce sont des lingots d'or (Gottschalck, *Die Sagen und Volksmærchen der Deutschen*, p. 17-22. Sommer, *Sagen, Mærchen und Gebræuche aus Sachsen*, p. 65). La même histoire est contée à Wiedenbrück en Westphalie où une servante, sans voir personne, reçoit la défense de prendre plus de trois fois des charbons merveilleux Stahl, (*Westphælische Sagen und Geschichten*, t. I, p. 119). D'après un conte recueilli à Halle, un tailleur et un orfèvre reçoivent d'un vieux kobold qui leur a rasé les cheveux et la barbe, des charbons qui, le lendemain, sont devenus des lingots d'or : en même temps, leurs cheveux et leur barbe ont repoussé. L'avidité excite l'orfèvre à retourner à la même place; le kobold le rase et lui donne des charbons qui n'éprouvent aucune métamorphose : bien plus, l'or de la veille redevient du charbon et l'orfèvre reste chauve (Sommer, *Sagen, Mærchen und Gebræuche aus Sachsen*, p. 67). A Weislingen, en Souabe, le même miracle s'opère (E. Meier, *Deutsche Sagen, Sitten und Gebræuche aus Schwaben*, t. I, p. 59). Dans d'autres légendes, ce sont des pierres : D'après les Persans, Alexandre (Dzou'l Qarnain), après avoir échoué dans la recherche de l'eau de la vie, rencontre dans le pays des Ténèbres l'ange Serouch qui lui remet, ainsi qu'à ses soldats, des pierres grandes comme une obole. Lorsqu'ils reviennent à la lumière, ils trouvent ces cailloux changés en pierres précieuses (Vogelstein, *Adnotationes quædam ex litteris orientalibus petitæ ad fabulas quæ de Alexandro magno circumferuntur*, p. 17). Le pseudo Callisthène rapporte la même aventure, mais sans faire intervenir l'ange (Weismann *Alexander, Gedicht des zwœlften Jahrhunderts*, t. II, p. 135-137). A Friedringen, sur le Danube, ce sont des pierres ramassées dans les ruines d'une ville antérieure à la guerre de Trente-Ans, qui deviennent de l'or (Meier, *Deutsche Sagen, Sitten und Gebræuche aus Schvaben*, t. I, p. 49). Un conte allemand, recueilli à Holfta, près d'Eisleben, met en scène l'empereur Otton dans le Kiffhæuser : il donne un rameau à chacun des musiciens qui lui jouent une sérénade : ceux-ci jettent le présent, à l'exception d'un seul qui trouve, le soir même, son rameau changé en or; ses compagnons essaient, mais inutilement, de retrouver les leurs. Un berger qui parvient à pénétrer dans la grotte reçoit des charbons qui se transforment en or; un autre obtient une quille qui subit la même transmutation (Sommer, *Sagen, Mærchen und Gebræuche aus Sachsen*, p. 1). Près des ruines du château de Hohenkræhen, en Souabe, deux apprentis qui ont joué aux quilles avec des « *Poppele* » et perdu tout leur argent, trouvent, en s'en allant, une boule égarée du jeu, laquelle devient d'or massif (Meier, *Deutsche Sagen, Sitten und Gebræuche aus Schwaben*, t. I, p. 77). Dans un conte de l'Amiénois, *le Dimanche on ne doit pas travailler*, recueilli par M. Carnoy, un bûcheron qui a rompu l'enchantement des nains en achevant la chanson qu'ils chantaient, reçoit en récompense un sac de feuilles sèches qui se changent en écus d'or quand sa femme les a aspergés d'eau bénite (*Mélusine*, t. I, p. 239-240). De même en Allemagne, la sage-femme qui a délivré la femme d'un nixe, obtient pour son salaire autant de balayures qu'elle en peut porter; ces ordures se transforment ensuite en or (Kühn, *Mærkische Sagen*, p. 81; Müllenhof, *Sagen aus Schleswig, Holstein und Lauenburg*, p. 407; Wolf, *Deutsche Mærchen und Sagen*, p. 80). Dans la version arabe d'un conte berbère que j'ai donné plus haut (n° XXIV), trois jeunes filles assassinées qui apparaissent à un joueur de guitare lui laissent, comme salaire, des écorces d'orange qui, le lendemain, deviennent des pièces d'or, des perles et des diamants (Bresnier, *Cours de langue arabe*, p. 607). Dans la forêt de Tippelsdorf, ceux qui, après avoir rencontré des religieuses, coupent de l'herbe, la voient se changer en serpents; s'ils les tuent et les rapportent à la maison, ils trouvent de l'or. Pareille métamorphose existe en Saxe pour des navets froids comme glace et découverts sous l'herbe (Sommer, *Sagen, Mærchen und Gebræuche aus Sachsen*, p. 67). Une primevère cueillie par un berger d'Eibensbach qui la met à son chapeau, devient pareillement de l'or. Il y a ici un jeu de mots sur le nom de la fleur (*Schlüssel-blum*, fleur-clef) qui doit servir à désenmorphoser des êtres ensorcelés (Meier, *Deutsche Sagen, Sitten und Gebræuche aus Schwaben*, t. I, p. 37). Des tiges de pois, à Dornhein, ont la même propriété (Meier, *Op. laud.*, p. 62);

à Kiebingen, près de Rotenburg, il s'agit de grains d'orge (Meier, *Op. laud.*, p. 51); près de Mühlheim, sur le Danube, une pauvre femme cueille des feuilles qui se changent en or (Meier, *Op. laud.*, p. 45-50). De même à Kalw (Meier, *Op. laud*, p. 50). Le plus souvent, c'est de la paille ou un brin de paille qui est ainsi transmuté : dans un conte recueilli à Pfüllingen, trois brins de paille renfermés dans une boîte sont la récompense d'une sage-femme qui a accouché une fée dans le château d'Urschelberg. Comme dans presque tous les récits de ce genre, la sage-femme jette deux des brins de paille : le troisième, qu'elle a gardé par mégarde, se change en or. Dans une variante du même récit, les trois brins sont renfermés dans trois lettres (Meier, *Op. laud.*, t. I, p. 16-18). Une « petite femme de la terre » *(Erdweible)*, près de Loffenau, attache au chapeau d'un individu un lien de paille qui se change en or quand l'homme rentre chez lui (Meier, *Op. laud.*, t. I, p. 46). Près du lac de Heitzenbach en Souabe, une sage femme qui a aidé à la délivrance d'une ondine, reçoit pour prix de ses services de la paille qu'elle jette ensuite, sauf un brin qui reste atttaché après elle et qui devient de l'or (Meier, *Op. laud.*, t. I, p. 68). Un bourgeois de Forbach, dans le pays de Bade, qui a accompagné une ondine sortie du lac Mummel, obtient comme récompense une tresse de paille qui se transforme de même (Meier. *Op. laud*, t. I, p. 71). A Eybach, en Souabe, un enfant qui a osé se faire descendre dans la grotte des fées est également gratifié d'une poignée de paille qui se change en or quand il revient à la lumière (Meier, *Op. laud.*, t. I, p. 21). A Rotenburg, une poignée de paille trouvée par un enfant devient de l'argent (Meier, *Op. laud.*, p. 52). Des débris de vaisselle, ramassées à Würmlingen, devant une cave où habite un serpent à couronne d'or, se trouvent être des morceaux d'argent (Meier, *Op. laud.*, t. I, p. 28-29) : deux morceaux de tôle placés sur une fourmillière, sur le mont Urschel, près de Pfüllingen, ont la même propriété (Meier, *Op. laud.*, t. I, p. 50). Dans le Tyrol, on raconte la même métamorphose de quelques morceaux de fer blanc, mais la jeune fille qui les avait trouvés était entrée à l'église le jour de la Saint-Jean (Von Alpenburg, *Mythen und Sagen Tirols*, p. 332), etc.

44. — LE TRÉSOR DE GHOUNDJAÏA

(94) J'ai publié dans mon *Recueil de textes et de documents relatifs à la philologie berbère* (*Bulletin de correspondance africaine*, 1885, p. 389-390) le texte et la transcription de ce récit qui m'a été fourni à Frendah, en 1883, par Ould Tedjini.

(95) On peut rapprocher de ce conte l'anecdote suivante, tirée de Léon l'Africain : « Un noble de Fas m'a rapporté que dix hommes, attirés par la curiosité de voir ce puits (*Miat-bir*), se munirent d'approvisionnements : trois d'entre eux y péné-

trèrent d'abord ; arrivés devant quatre ouvertures, deux choisirent la première, et le troisième s'engagea seul dans la seconde. Après qu'ils s'étaient ainsi divisés et qu'ils s'étaient avancés jusqu'à un quart de mille, un nombre infini de chauves-souris se mit à voler autour des lampes des deux premiers et en éteignit une. Arrivés aux puits, ils trouvèrent les ossements blanchis de plusieurs hommes, ainsi que cinq ou six lampes, quelques-unes neuves, d'autres abîmées par la vétusté. Comme les puits ne contenaient que de l'eau, les explorateurs revinrent par le même chemin : ils étaient à mi-route, quand un coup de vent éteignit subitement la seconde lampe. Après avoir cherché çà et là, fatigués de se heurter toujours dans les ténèbres contre les rochers, les deux hommes perdirent tout espoir : ils se recommandèrent à Dieu en pleurant et jurèrent de ne plus s'exposer à ce péril s'ils arrivaient à s'en tirer. Les autres, ignorant ce qui s'était passé, attendaient devant l'ouverture de la grotte, le retour de leur compagnon. Trouvant que l'attente avait trop duré, ils s'introduisirent à l'aide d'une corde, allumèrent des lanternes et se mirent, en poussant de grands cris, à la recherche de leurs amis : enfin ils les rencontrèrent remplis d'angoisse, mais ils ne purent retrouver le troisième explorateur qui errait de la même façon ; ils le laissèrent donc et sortirent de la grotte. Celui qu'ils avaient ainsi abandonné, après avoir longtemps cherché une issue, entendit à la fin comme un aboiement de petits chiens : il se dirigea de ce côté et rencontra quatre animaux inconnus, et, à ce qu'il lui sembla, nés depuis peu : leur mère, qui les suivait, ressemblait à une louve, mais elle était plus grande. L'homme eut singulièrement peur; toutefois, il n'y avait pas de danger, car l'animal s'approcha de lui au moment où il allait prendre la fuite et le caressa en remuant la queue. Après avoir cherché pendant longtemps, il arriva à une issue et s'éloigna de tout péril (*Africæ descriptio*, t. II, p. 478-480).

CINQUIÈME PARTIE

CONTES DIVERS

---

45. — LA VIEILLE ET LA MOUCHE

(95) Le texte zouaoua de ce conte inédit existe à la Bibliothèque nationale, fonds berbère, n° 17.

(96) Ce conte est de ceux qu'on appelle *Randonnées* : dans quelques-uns, le dernier terme se trouve être le même que le premier. Ex. *La souris métamorphosée en fille* (La Fontaine, *Fables*, IX, 7) : la souris devenue jeune fille est renvoyée du soleil au nuage, du nuage au vent, du vent à la montagne, de la montagne au rat. Cette

fable est des plus anciennes, puisqu'on la rencontre dans le Pantchatantra, l. III, f. 13 (*Pantchatantra ou les Cinq Livres*, trad. Lancereau, p. 250-254), le *Kathasaritsagara* de Somadeva, l. X, ch. LXII, p. 146; le *Kalilah et Dimnah* (éd. de Boulaq, p. 75-76), trad. par Pihan, *Choix de fables et historiettes traduites de l'arabe*, n° XXXIV; *Kalilag und Damnag* (éd. Bickell, p. 72-73 de la trad.); le *Harivansa* (t. II, p. 180); *Anvari Soheili* de Hussein Vaez Kachefi (éd. Ouseley, p. 303); le *Humayoun Nameh* de 'Alitchelebi (éd. de Boulaq, p. 297); le *Stephanitès et Ichnelatès* (*Specimen Sapientiae Indorum*, p. 296-301); *Calila è Dymna* (P. de Gayangos, *Escritores en prosa anteriores al siglo* XV, p. 52, *De la niña que se torno en rata*); dans la version hébraïque attribuée au rabbin Joel (éd. J. Derenbourg, p. 107), *Directorium humanæ vitæ* de Jean de Capoue (éd. Puntoni, ch. V); Marie de France, l. II, f LXIV, *Muset*. La Fontaine, *Fables* IX, 7. *La Souris métamorphosée en fille*. Cf. Benfey, *Pantschatantra*, t. I, p. 373-378; Wagener, *Essai sur les rapports entre les apologues de l'Inde et de la Grèce*, p. 92. A ce genre de randonnées se rattachent le conte napolitain de *Saint Janvier et le tailleur de pierres* qui devient successivement seigneur, cavalier, soleil, nuage, roc et finalement se retrouve dans sa première position, et le conte japonais intitulé le *Tailleur de pierres* (Marc Monnier, *Contes populaires en Italie*, p. 366). — D'autres randonnées sont incomplètes, c'est-à-dire ne rejoignant pas leur point de départ : ainsi, outre celle de la Vieille et la Mouche, celles de

Micco en Italie, de Tennisje en Hollande (Marc Monnier, *Contes populaires en Italie*, p. 89-92); en malgache : Hotity cherchant quelqu'un de plus fort que l'arbre qui lui a cassé la jambe, est renvoyé au vent, à la colline, à la souris, au chat, à la corde, au feu, au fer, à l'eau, à la pirogue, au rocher, à l'homme, au sorcier, au tanguin, à Dieu (J. Sibree junior; *Malagasy Folktales*, *Folk-lore Journal*, mai 1884); en kabyle (Rivière, *Contes populaires de la Kabylie du Jurjura*, p. 137. *Le petit enfant*); dans le Caucase : *Le Pou et la Puce* (A. Schiefner, *Zwei ossetische Thiermærchen*, *Mélanges asiatiques de l'Académie impériale de Saint-Pétersbourg*, t. V, 1864, p. 196 et suiv.) : la puce voulant sauver son compagnon tombé dans une rivière, s'adresse tour à tour au porc, au chêne, au qurghuï, à la poule, à la souris, au chat et enfin à la vache. Cf. en Russie, Afanasiev, *Narodnyia roussküa skazki*, t. IV, n° 16; en Allemagne, Grimm, *Kinder und Hausmærchen*, n° 30, *Læuschen und Flohchen*; Kuhn et Schwartz, *Norddeutsche Sagen*, p. 509; Meier, *Deutsche Volksmærchen aus Schwaben*, n° 80-82; en Toscane, Pitre, *Novelli popolari toscane*, p. 252-253, *Tosetta*; à Florence, Imbriani, *Novellaja fiorentina*, n° XLI, *il Topo*; à Milan, Imbriani, *Op. laud.*, p. 552, *El ratton e el rattin*; à Bologne, Coronedi-Berti, *Novelle popolari bolognesi*, n° X, *Fola dèl pudghein*; à Venise, Bernoni, *Tradizioni popolari veneziani*, p. 74, *Galeto e sorzeto*; à Pistòie, Gherardo Nerucci, *Cincelle da bambini*, n° III, *Bucchettino*; en Corse, Ortoli,

Contes populaires de l'île de Corse, I, n° xxx, *Pedilestu e mustaccina;* en Sicile, Pitré, *Fiabe, novelle e racconti popolari siciliani*, n° 135, *Nasu di lu sagristanu;* en France, Luzel, dans *Mélusine*, t. I, p. 356-358, *La petite Fourmi qui allait à Jérusalem et la Neige;* Cosquin, *Contes populaires de Lorraine*, t. II, n° 34, *Poulin et Poulot* et les notes, p. 35-41 ; en Algérie, Daumas, *Le grand désert*, p. 243, reprod. dans Certeux et Carnoy. *L'Algérie traditionnelle*, t. I, p. 187. Le conte languedocien de *Turlendu* (P. Sebillot, *Contes des provinces de France*, p. 317, s'accorde davantage avec le conte berbère du *Chacal* (Rivière, *Contes populaires de la Kabylie du Jurjura*, p. 79). Une poésie d'Anacréon nous fournit aussi un exemple d'une randonnée de la Grèce antique (Gaidoz, ap. *Mélusine*, t. III, col. 140).

46. — L'ÉTRANGER

(97) Le texte zouaoua de ce conte a été publié dans Hogdson, *Grammatical sketch and specimens of the berber language.*

47. — RENCONTRES SINGULIÈRES

(98) Le texte de ce conte inédit se trouve dans le manuscrit n° 17, fonds berbère, de la Bibliothèque nationale.

48. — LE SOT ET LA CORDE

(99) Le texte chelh'a de ce conte inédit a été recueilli à Oran en 1883.

49. — LA FEMME, LE ROI ET LE SERPENT

(100) J'ai publié dans mon *Recueil de textes et de documents relatifs à la philologie berbère*, (*Bulletin de correspondance africaine*, 1885, p. 425-427), le texte et la transcription de ce conte qui m'a été dicté en 1883, à Tlemcen, par un tailleur de Figuig.

50. — LE VIEILLARD, LA FEMME ET LES VOLEURS

(101) Le texte et la transcription de ce conte, que m'a fourni, à Touggourt, en 1885, l'adel de Temacin, aparu dans mon *Manuel de langue kabyle* (*Textes*, p. 28-29). Une recension arabe existe dans le *Kitâb Nozhat el Absâr oua 'l Ismâ' fi akhbár dzaouât al qanâ'* (Boulaq 1293 h. p. 43).

51. — LE RICHE AVARE

(102) Ce conte, dont le texte est inédit, a été recueilli à Oran, en 1883.

52. — LES TROIS VOLEURS

(103) J'ai publié dans mon *Recueil de textes et de documents relatifs à la philologie berbère* (*Bulletin de correspondance africaine*, 1885, p. 416-417) le texte et la transcription de ce récit qui m'a été dicté à Tlemcen, en 1883, par Ah'med ben Moh'ammed de Aïn Sfisifa.

(104) Ce conte existe dans plusieurs recueils orientaux ; un des plus anciens est le *Sirâdj el Molouk* d'Et Tortouchi (éd. de Boulaq, p. 30), où l'aventure des trois brigands forme un épisode d'un long récit intitulé *Jésus et son compagnon* (cf. El Abchihi, *Mostat'ref*, t. II, p. 352 ; reproduit par Belkassem ben Sedira, *Cours de littérature arabe*, p. 76). Il a passé dans le *Roudh er Riah'in fi h'ikayât es' S'alih'in* d'El Yafi'i (éd. de Boulaq, 321° hist., p. 109), dans les *Mille et une Nuits*, (éd. de Habicht, t. XI, p. 165, Nuit, 901) où il est mis dans la bouche du vizir Er Rahouan, ministre du roi Chah bakht, et en persan (Rückert, *Eine persische Erzählung*, Zeitschrift der deutschen morgenlændischen Gesellschaft, t. XIV). Le célèbre philosophe El Ghazzâli a aussi traité le même sujet avec quelques différences : les brigands sont remplacés par des voyageurs qui trouvent un trésor (Cf. *Me'ani el adáb*, t. I, p. 66-67) Il a pénétré également dans le Soudan occidental, probablement par l'intermédiaire des Berbères; une version foulfouldé a été publiée par M. de Sanderval, dans l'essai linguis-

tique qui termine sa relation : *De l'Atlantique au Niger par le Foutah-Djallon*, p. 308-310.

53. — LA CHARITÉ

(105) J'ai publié dans mon *Manuel de langue kabyle (Textes*, p. 26-27) le texte et la transtion de ce récit que j'ai recueilli à Mélika (Mzab) en 1885.

54. — LE ROI ET SA FAMILLE

(106) Le texte et la transcription de ce conte que m'a communiqué à Frendah, en 1883, Ould Tedjini, ont paru dans mon *Recueil de textes et de documents relatifs à la philologie berbère (Bulletin de correspondance africaine*, 1885.

(107) Ce conte est, m'a-t-on dit, tiré de la version berbère de l'ouvrage intitulé *Ibtida ed dounia*, dont le texte arabe existe à Ouargla et dans le Sous marocain. L'auteur de ce dernier livre l'a emprunté sans doute à une des versions des *Mille et une Nuits* : il occupe les nuits 479-481 de l'édition de Boulaq en 4 volumes in-8 et manque dans l'édition de Breslau. La version arabe place la scène chez les Israélites, ce qui semble confirmer l'origine juive de ce conte. Sur d'autres recensions, cf. Israel Lévi, *Trois contes juifs*, p. 22-28, *Histoire d'un homme qui ne voulait pas jurer*.

55. — LES VOLEURS

(108) Le texte zouaoua de ce conte, tiré du ms. n° 17, fonds berbère de la Bibliothèque nationale, a paru dans mon *Manuel de langue kabyle (Textes*, p. 11-12).

56. — LA PÊCHE SURPRENANTE

(109) J'ai recueilli en 1883, à Tétouan, ce texte inédit sous la dictée d'El H'adj Moh'ammed de Massat.

(110) Les Ida-Ou-Saren sont une fraction de la grande tribu berbère marocaine des Haha (H. Duveyrier, *De Mogador au Djebel Tabayoudt*, *Bulletin de la Société de Géographie*, décembre 1875, p. 563). Davidson, en allant de Mogador à Agadir, traversa un de leurs villages qu'il appelle Edavisan Ousmemo. Dans ses itinéraires, Delaporte nomme cette tribu Ida-Ouiçar.

(111) Tafedna (en berbère, *le chaudron*) est la même ville que celle appelée *Tafelna* par Graberg de Hemso *(Specchio del impero di Marocco*, p. 61-62); c'est une ville d'environ 3,000 habitants, avec un assez bon port près d'une rivière où les barques peuvent se mettre à l'abri. La carte catalane de 1375 la nomme *Taftana* : Léon l'Africain, qui en parle sous le nom de *Tefethna*, dit qu'elle pouvait compter 600 feux. Elle était

entourée d'un mur de pierre blanche et de briques; l'hospitalité y était très pratiquée : la seule loi criminelle en usage était celle du talion (*Africae descriptio*, p. 123).

57. — BEDDOU

(112) Le texte zouaoua de ce conte, extrait du ms. n° 1, fonds berbère de la Bibliothèque Nationale, a été publié dans mon *Manuel de langue kabyle* (*Textes*, p. 20-22).

(113) En kabyle, *Beddou* signifie *commencement* et *Amkammel*, *celui qui complète*. De là le jeu de mots analogue à celui qu'on rencontre dans le conte du *Renard parrain*. Cf. pour un vol de ce genre, une anecdote tirée du *'Adjaib el Mouasir* et traduite par Cardonne (*Mélanges de littérature orientale*, t. II, p. 59).

(114) Cet épisode est peut-être à rapprocher d'un semblable, dans le conte albanais de Mosko et Tosko (Dozon, *Contes populaires albanais*, p. 166).

(115) Une partie des aventures de Beddou et d'Amkammel leur est commune avec 'Ali et Ou 'Ali (Rivière, *Contes populaires de la Kabylie du Jurjura*, p. 20).

Cette donnée d'un arbre poussant sur un cadavre, généralement mort assassiné, et en qui revit le défunt est fréquente dans les mythes et les contes indo-européens et manque dans les traditions sémitiques. Dans le conte égyptien des *Deux Frères*, deux gouttes de sang du taureau égorgé par ordre de la reine, donnent naissance à deux perséas, qui ne sont autres que Bitiou sous une nouvelle forme (Maspéro, *Contes populaires de l'Egypte ancienne*, p. 25 ; Cosquin, *Un problème historique à propos du conte des deux frères)*. On connaît dans l'antiquité la métamorphose d'Hyacinthe en fleur (Ovide, *Métamorphoses*, l. X, 162-219), et l'assassinat de Polydore, fils de Priam, du cadavre duquel sort un cornouiller (Virgile, *Enéide*, l. III); dans le conte indien du *Roi-Grenade*, des foies des deux enfants, enterrés par la Rani leur belle-mère, naît en une nuit un arbre qui donne d'abord deux fleurs, puis deux fruits renfermant le frère et la sœur (Maive Stokes, *Indian fairy tales*, n° II, p. 10-11); de même dans la variante de *Sunkasi Rani* (Maive Stokes, *op. laud.*, p. 246), cf. également dans le même recueil, *Loving Laili*, p. vi; *La princesse Bel*, p. 146, et dans celui de miss Bartle Frere *(Old Deccan days)*, *Sourya-bay*, p. 86, *Anar Rani et les deux servantes*, p. 95. Chez les Slaves, la tête d'Ivan, fils du sacristain Germain, tué par ordre de sa femme Cléopâtre, donne naissance en une nuit à un pommier portant des fruits d'or (Rambaud, *La Russie épique*, p. 380); cf. Chodzko, *Chants historiques de l'Ukraine*, p. 30, et les métamorphoses successives d'Eisenlaci, en cheval, en arbre et en poisson d'or (Stier, *Ungarische Sagen und Mærchen*, n° xv) et celle de la jeune fille en poisson d'or dont une écaille produit un arbre (Stier, *op. laud.*, n° xiii, *Les trois oranges)*. Un autre conte magyar nous montre deux enfants métamorphosés, tués par la femme qui voulait mettre sa fille sur le trône à la place de leur mère, renaissant sous la forme de deux poiriers, puis de deux chevreaux (A. Gaal et Stier, *Ungarische Volksmærchen*, n° vii). Cf. un récit magyar où une princesse assassinée reparaît dans un érable (A. de Gubernatis, *La mythologie des plantes*, t. II, p. 129-131). Dans le conte valaque des enfants d'Or (Schott, *Walaschiche Mærchen*, p. 122), des têtes des deux enfants égorgés sortent deux pommiers avec des fruits d'or; chez les Saxons de Transylvanie, ce sont deux pins en qui reparaissent les mêmes victimes (Haldtrich: *Deutsche Volksmærchen aus Sachsenlande in Siebenbürgen*, n° 1). D'après les Slaves de Silésie, la chicorée *(czekanka)* naît du cadavre de la fille du magicien Batir, qui portait le même nom et qui se tue sur le tombeau de son ami (A. de Gubernatis, *La mythologie des plantes*, t. II, p. 92). En Allemagne, de trois gouttes de sang du berger, tué sous la forme d'un cheval par la princesse qui veut lui prendre son épée magique, pousse, en une nuit, un cerisier (Wolf, *Deutsche Hausmærchen*, p. 394). Dans le Mecklembourg, c'est un chardon portant des mains, des bras et des têtes d'homme jusqu'au nombre de douze, qui sort chaque jour, à midi, du corps d'un individu assassiné (A. de Gubernatis, *La mythologie des plantes*, t. II, p. 61) : un sorbier, d'après une tradition islandaise recueillie à Mœduffel, pousse sur les cadavres de deux jeunes gens injustement mis à mort (A. de Gubernatis, d'après Mannhardt, *op. laud.*, t. II, p. 353). Le conte breton des *Sept garçons et leur sœur* nous montre les sept frères « tournés en Sarrasins » pour avoir mangé de la soupe dans laquelle leur sœur avait mis un poireau cueilli dans le jardin à l'endroit où était enterré le Sarrasin (P. Sébillot, *Contes des paysans et des pêcheurs*, nº XXVII, *bis*). Dans les Lusiades (ch. VIII), Camoens fait déjà mention du palmier poussé sur la tombe du chevalier Henrique; d'après un romance portugais *(La princesse pèlerine)* sur les tombes de la princesse et du chevalier son amant, poussent des pins et des roseaux qui soupirent ensemble : en vain la femme du chevalier les fait couper, ils renaissent chaque nuit (De Puymaigre, *Romanceiro, choix de vieux chants portugais*, nº IV). Un miracle analogue se reproduit dans le romance du conte Millo : les pins et les roseaux sont remplacés par un cyprès et un oranger (De Puymaigre, *Romanceiro, choix de vieux chants portugais*, nº XII). Dans le conte grec du *Seigneur et ses trois fillles,* l'une d'elles fait tuer son père, mais sur la tombe du seigneur pousse un pommier : un des fruits mangés par la parricide la rend enceinte (Legrand, *Contes populaires grecs*, p. 110-111).

58. — LA VIEILLE MOSQUÉE

(116) Le texte inédit de ce conte m'a été dicté, en 1883, à Tétouan, par El H'adj Moh'ammed de Massat.

(117) Massat, peut-être le Masatat de Pline l'Ancien, est une ville du sud du Maroc, près de

la rivière du même nom, sur les frontières de l'Etat de Sidi Hecham. Au temps d'El Bekri *(Description de l'Afrique*, p. 356), c'était un ribat' (monastère guerrier) où se tenait un marché très fréquenté et situé, d'après El Ya'qoubi *(Descriptio al Magribi*, p. 22), près de la chapelle de Sidi Behloul. Elle est mentionnée par Léon l'Africain et Marmol d'après lequel cette ville, jadis célèbre sous le nom de Temest, fut détruite par les Arabes lors de la conquête du Sous; l'on montrait de son temps un temple (celui de Sidi Behloul?) dont la charpente était faite de côtes de baleine, et la tradition populaire rapportait que le poisson de Jonas avait rejeté le prophète sur ce rivage *(L'Afrique*, tr. Perrot d'Ablancourt, t. II, l. III, ch. xxi). D'après Gatell, le vrai nom de la ville de Massat serait Agoubalou (cf. ma traduction de la *Relation de Sidi Brahim*, p. 5-7 et note 4).

(118) Ibn Khaldoun *(Histoire des Berbères*, t. II, p. 290) mentionne déjà la légende d'après laquelle le Mahdi doit sortir de Massat.

SIXIÈME PARTIE

POÉSIES, CHANSONS, ÉNIGMES, PROVERBES

---

59. — LA PESTE

(119) J'ai publié, d'après le manuscrit n° 17 de la Bibliothèque nationale, fonds berbère, le texte zouaoua de ces vers dans mon *Manuel de langue kabyle (Textes,* p. 23-25).

60. — LES CONSEILS

(120) Le texte inédit de cette pièce de vers se trouve dans le manuscrit n° 17 de la Bibliothèque nationale, fonds berbère.

61. — VERS EN DIALECTE CHELH'A

(121) Tiré du manuscrit n° 1, fonds berbère, de la Bibliothèque nationale.

62. — ÉNIGMES

(122) Extrait du ms. n° 17, fonds berbère, de la Bibliothèque nationale. Cf. une énigme pareille à celle du n° 2, *Coleccion de enigmas y adivinanzas* por Demofilo (Seville, 1883, in-16), n°ˢ 732, 733, 734, 735, et en basque (Machado y Alvarez, *Biblioteca de las tradiciones populares*, t. V, p. 267. — Sur le n° 4, cf. *Coleccion de enigmas*, n° 74.

(123) Cf. une *sirandane* créole dans Baissac, *Etude sur le patois créole mauricien*, p. 205 ; *Coleccion de enigmas*, n° 574, 575. Sur l'énigme n° 6, cf. *Coleccion de enigmas*, n°ˢ 256-266. Une figure analogue est appliquée au ronier dans une énigme woloffe. Cf. Boilat, *Grammaire woloffe*, p. 379.

(124) Cf. Baissac, *op. laud.*, p. 207. Cf. aussi *Coleccion de enigmas*, n°ˢ 536, 538, 546.

(125) Cf. Baissac, *op. laud.*, p. 219. Sur le n° 11, cf. *Coleccion de enigmas*, n°ˢ 535, 537, 539 ; et en basque *Biblioteca de las tradiciones populares*, t. V, p. 204.

63. — PROVERBES

(126) Extrait du ms. n° 17, fonds berbère, de la Bibliothèque nationale.

* *
*

Addition à la note 2, du ch. xii (*Origine du lion, du chat et du rat*). Une tradition d'Ibn Abou Hatem, remontant jusqu'au Prophète et rapportée par Ed Demiri *(H'aiat el H'aiouân*, t. I, p. 11), fait naître également le chat de l'éternûment du lion pour protéger l'arche de Noé contre les rats.

APPENDICE

APPENDICE

BIBLIOGRAPHIE DES CONTES ET CHANSONS BERBÈRES

Hodgson. — *Grammatical sketch and Specimens of the Berber language.*
    Un conte : *L'Etranger* (voir n° 46) et une chanson en dialecte zouaoua, cette dernière, traduite en francais d'après le texte anglais, par Warden, *Compte-rendu de l'Esquisse grammaticale (Bulletin de la Société de géographie,* II° série, t. VI).

Graberg de Hemso. — *Remarks on the languages of the Amazirgs.* — Une fable, tirée de Loqman (*Le lion et le taureau*) en dialecte de Ghdamès et de Doubdou; des proverbes traduits de l'arabe en dialecte chelh'a du Sous et de Ghdamès.
    J'ai donné une version de la fable dans

le dialecte de Figuig *(Recueil de textes et de documents relatifs à la philologie berbère, Bulletin de correspondance africaine,* 1885, p. 424). Le général Hanoteau a publié le même texte en zouaoua *(Essai de grammaire kabyle,* p. 253).

Cf. Loqman, *Fables,* éd. Charbonneau, n° 5; Landsberger, *Die Fabeln des Sophos,* n° 28; *Fabulæ æsopicæ,* éd. Halm, n°* 262 et 263; Babrios, *Fables,* éd. Fix, n° 96.

DE SLANE. — Appendice à la traduction de l'*Histoire des Berbères* d'Ibn Khaldoun, t. IV.

P. 540-552 : un conte chelh'a extrait du *Kitâb ech chelh'a* (Bibliothèque nationale, fonds berbère, n° 4) : le commencement est aussi traduit en zouaoua. Il est intitulé : *Le Vizir et les Envieux :* le sujet est le même que celui du conte *d'Ilânchah et d'Abou Témâm* dans la *Bakhtyan-Nameh.* Cf. pour les rapprochements, ma traduction de l'*Histoire des dix vizirs,* p. 101-111.

P. 562-563 : un conte traduit de l'arabe en chelh'a : *Le Roi* (Khosrou) *et le Cultivateur.* C'est la fable bien connue du *Vieillard et des trois jeunes hommes* (La Fontaine, XI, f. 8) cf. une anecdote tirée du *Medjmou' el hikaïat* dans Cardonne, *Mélanges de littérature orientale,* t. I, p. 156 : *Répartie ingénieuse d'un vieillard à un khalife;* elle existe également dans le *Mostatre'f :* Bel Kassem ben Sedira,

Cours de littérature arabe, p. 47; Bresnier, *Anthologie arabe*, p. 49; dans le *Hadiqat el Afráh'* d'Ah'med ben Moh'ammed Ech Chirouâni p. 40 (éd. de Boulaq), Marcel, *Contes du cheïkh El Mohdy*, t. I, Iʳᵉ soirée, p. 55 : *Histoire de 'Abd er Rahman*; ici Khosrou est remplacé par Haroun. La fable 167 d'Abstemius, *De viro decrepito arborem inserente* est celle que La Fontaine a imitée. Cf. aussi le vers de Virgile :

Insere, Daphni, piros : carpent tua poma ne-
[potes.

DELAPORTE. — *Spécimen de langue berbère.*

Texte et traduction du Poème de Çabi (dialecte chelh'a du Sous). J'en ai publié une autre recension dans le *Journal asiatique* (1879, t. I) et pendant mon séjour à Tétouan en 1883, j'en ai recueilli une nouvelle version dont je donnerai la traduction dans un prochain volume de contes berbères. Cf. sur la 2ᵉ recension un article de M. Clermont-Ganneau, *Revue critique*, 1879, t. II, p. 113-114.

HANOTEAU. — *Essai de grammaire kabyle :*

Dans le livre V, les six premiers textes (zouaoua) sont empruntés à Loqman ou à La Fontaine.

1. *Le Corbeau et le Renard.*

Cf. *Fabulæ æsopicæ*, éd. Halm, nᵒˢ 204 et 204 *b*; Phèdre, l. I, f. 13; Apulée, *Florides*, l. IV (n° 23); Anonyme de

Névelet, f. 15; Gabrias, *Quatrains*, n° 19; Romulus, *Fables*, I, 14 : *Vulpis et corvus ;* Anonyme de Berne, f. 3 : *Vulpes et corvus;* Romulus de Munich, f. 8 : *De Corvo et vulpe ;* Romulus d'Oxford, f. 13 : *Vulpes et corvus ;* Romulus de Berlin, f. 15 : *De Vulpe et corvo ;* Romulus de Vienne, n° 1, f. 15 : *Vulpis et corvus;* Romulus de Vienne, n° 2, f. 14 : *De Vulpi et corvo ;* Romulus de Bruxelles, n° 14 : *De Corvo et vulpe;* Romulus de Nilant, l. I, 14 : *De corvo qui casium de fenestra fertur rapuisse et altam ascendisse in arborem ; Romuleae fabulæ rythmicæ* I, 14 : *De Corvo et caseo;* Romulus Mariæ Gallicæ, f. 17 : *De Corvo et caseo;* Jean de Sheppei, f. 7 : *Vulpes et corvus;* Vincent de Beauvais, f. 6 : *Vulpes et corvus; Gualterianæ fabulæ ;* 13 : *De Vulpe et corvo ;* Odon de Sherington, n° 82 ; *De Caseo et corvo* (ms. de Cambridge). *Ysopet de Lyon,* Fable 15, *Dou corbel e dou uulpil ;* P. Paris, *Aventures de Maître Renart,* ch. iv, *Renart et Tiercelin ;* Jean Manuel, *El libro de Patronio,* Ex. V : *De lo que acontecio a un raposo con un cuervo que tenia un pedaço de queso en el pico* (P. de Gayangos, *Escritores españoles en prosa anteriores al siglo,* xv, p. 376); *Le comte Lucanor,* tr. de Puibusque, Ex. V; Ruiz de Hita, str. 1411, *Enxiemplo de la Raposa e del*

cuervo ; *La farce de Pierre Pathelin*, éd.
Jacob, p. 47-48. Marie de France (f. 14 :
Le Corbeau et le Renard) et Eustache
Deschamps *(Œuvres*, t. II, Ballade 232.
Le Renard et le corbeau), p. 61) ont également traité ce sujet avant La Fontaine
(l. I, f. 2), Radloff, *Proben der Volksliteratur der türkischen Stæmme Süd-Sibiriens*, t. I, p. 217. Vartan, *Fables arméniennes*, n° 38, *La Corneille et le renard*;
Faerne, *Fabulæ* n° 20, *Corvus et vulpes*.

2. *Le Lion et le taureau* (v. plus haut).
3. *La Gazelle*.

Cf. Loqman, éd. Cherbonneau, f. 3;
J. Landsberger, *Die Fabeln des Sophos*,
n° 21, *Le Cerf*; *Fabulæ æsopicæ*, éd.
Halm, n° 131, *La Biche malade*; Babrios, *Fables*, n° 46, *Le Cerf malade*;
Richer, l. VIII, f. 5; La Fontaine, l. XII,
f. 6; Desbillons, *Fabulæ æsopiæ*, l. VIII,
f. 25. J'en ai publié une version dans le
dialecte berbère de Figuig. *(Recueil de
textes et de documents relatifs à la philologie berbère, Bulletin de correspondance africaine*, 1885, p. 425.)

4. *La Cigale et la fourmi.*

Cf. *Fabulæ æsopicæ*, éd. Halm, n°s 401
et 402; Avianus, *Fabulæ*, n° 34, *Formica
et cicada* ; Gabrias, *Quatrains*, n° 41;
Romulus, l. IV, 19 : *Formica et cicada;*
Jean de Sheppei, n° 46; *Formica et
cicada;* Romulus de Bruxelles, n° 87 :
De cycada et formica; Romulus de

Munich, n° 25 : *De formica et cicada;*
S. Cyrille, *Speculum sapientiæ*, f. 4 :
De cicada et formica ; Marie de
France, f. 19 : *La Cigale et la fourmi;*
Jehan de Condé, f. 27 : *Li Fourmis;*
Étienne Deschamps, *Œuvres*, t. I, p. 311,
ball. 177 : *La Fourmi et le ceraseron;*
Neckam, *Alter Aesopus*, n° 29, *De Formica et cicada;* Dosithée, n° 27; Aphthonius, f. 1 ; Romulus, l. IV, f. 19, *Formica et cicada.* Ms. du British Museum,
n° 219, f. 69, *De formica colligente cumulum frumenti;* Faerne, f. 7, *Formica et cicada;* *Fabulæ Gudianæ*, n° 28;
Landsberger, *Die Fabeln des Sophos*,
n°ˢ 7 et 136, Decourdemanche, *Fables turques*, 7 : *L'Hirondelle et la fourmi;*
136, *Les Fourmis et le merle;* Vartan,
Fables arméniennes ; 5 : *Les Insectes, l'abeille et la fourmi;* La Fontaine, l. I,
f. 1 : Desbillons, *Fabulæ æsopiæ*, l. I,
f. 2, *De Formica et cicada.*

5. *Le Lion et le renard.*

Cf. *Fables ésopiques*, éd. Halm, n° 246;
Landsberger, *Die Fabeln des Sophos*,
n° 45; Platon, *Premier Alcibiade*,
ch. xxxvii; Lucilius, *Satires*, l. XXX,
f. 2, 3, 4, éd. Corpet; Horace, *Epîtres*,
l. I, ép. 1, v. 73; Adhémar de Chabannes, *Fabulæ Phædrianæ antiquæ*, n° 59,
Leo senex et vulpis; Romulus, l. IV,
f. 12 : *Leo et vulpis;* Vincent de Beauvais, f. 28 : *De Leone et vulpe;* Romulus
de Vienne, I, f. 82 : *De Leone et vulpe;*

Gautier l'Anglais, *Appendice*, n° 14, *De leone et Vulpe*; *Romuleæ fabulæ rythmicæ*, f. 27 : *De Leone ægroto*; Romulus de Bruxelles, f. 84 : *De Leone et vulpe*; Odon de Sherington, *Addit.* II, f. 18 : *De Leone et vulpe*; Marie de France, f. 68 : *Le Lion malade et le renard*; Vartan, *Fables arméniennes*, I; *Le Lion devenu vieux*; *Fabulæ Gudianæ*, Appendice I, 30; Dosithée, f. 6; *Le Lion et le renard*; fable hébraïque trad. par A. Pichard. (*Journal asiatique*, août 1835.) Loqman, *Fables*, 6, éd. Cherbonneau; Faerne, f. 74, *Leo et vulpes*; Philibert Hégémon, f. 9; La Fontaine, l. VI, f. 14, *Le Lion malade et le renard*; Desbillons, *Fabulæ æsopiæ*, l. II, f. 20, *Leo senex et vulpes*; Bleek, *Reineke Fuchs in Afrika*, l. I, f. 15, *Le Lion malade*; (Hottentot.)

6. Même fable en dialecte de Bougie.

7. *Le Vieillard et ses enfants*.

L'un de ceux-ci conseille à ses frères de vendre des chèvres pour remarier leur père devenu veuf : ils passent ensuite à un autre sujet : le vieillard veut les ramener à la conversation sur les chèvres.

8. *Le Zouaoua et son ami*.

Un petit cadeau n'enrichit pas ; il ne fait qu'accroître l'amitié.

9. *Le Djennad et la rivière*.

Un homme des Benni-Djennad tire son sabre contre la rivière qui avait failli l'emporter.

10. *Histoire de Haroun er Rachid*.

Trois individus vont dans la ville de ce prince pour y vendre de l'huile : le soir, dans une conversation, l'un désire épouser la fille du roi ; le second souhaite 100 réaux ; le troisième espère en Dieu. Les gardiens qui les ont entendus, les conduisent devant Haroun er Rachid qui accomplit les désirs des deux premiers et renvoie le troisième. Celui-ci hérite en voyage, par la mort de ses compagnons, de l'argent et de la fille du roi ; un jour Haroun er Rachid va dans le pays qu'il habite, et apprenant qu'il a respecté les héritages laissés par ses amis, il lui donne la fille et l'argent.

11. *Conte du Chasseur*.

Pour ne pas répudier sa femme détestée par sa belle-mère, un chasseur s'enfuit avec elle dans le désert où il rencontre un serviteur de Dieu. Il tue ensuite sept ogres et s'établit dans leur demeure ; mais sa femme le trompe avec un des ogres qui n'est pas mort et, suivant le conseil de ce dernier, envoie son mari chercher l'eau qui ressuscite et la pomme qui rajeunit. Il y réussit, grâce aux conseils du serviteur de Dieu. Sa femme le tue et le charge sur son cheval, mais il est ressuscité par son ami qui avait gardé l'eau de la vie, et il met à mort l'ogre et sa complice.

Dans un conte arabe d'Egypte, Moh'ammed l'avisé emmène sa sœur vivre dans le désert. Il tue des brigands, mais l'un d'eux, un nègre, survit et devient l'amant de la jeune fille. Celle-ci, sur son conseil, envoie son frère chercher les raisins du Paradis puis l'eau de la vie. A son retour, il est tué par le nègre, mais son cadavre, chargé sur un âne, est rappelé à la vie par la fille du roi à qui il avait laissé un peu de l'eau miraculeuse (Spitta-bey, *Contes arabes modernes* n° X, *Histoire du rossignol chanteur*).

D'après une autre version de ce conte, la mère de Moh'ammed l'avisé devient la maîtresse d'un nègre appelé Egrim Sa'ïd, échappé au massacre que le jeune homme a fait de ses compagnons. Elle demande à son fils de lui rapporter des oranges du jardin de Garamoun le Juif, puis l'eau de la vie. Moh'ammed, après avoir réussi dans son entreprise, est égorgé par sa mère et Egrim Sa'ïd, mais la fille du roi le ressuscite en lui mettant de l'eau de la vie dans la bouche : il l'épouse et tue les coupables (Dulac, *Contes arabes en dialecte égyptien*, n° IV. *Journal Asiatique*, janvier 1885).

12. *Histoire de Mah'ammed ben Es Solt'au.*

Le sujet est le même que celui du conte du même nom publié par le P. Rivière (*Contes populaires de la Kabylie du Jurjura*, p. 187-192). La version du général Hanoteau renferme quelques détails qui manquent dans l'autre : ainsi le roi, père de Mah'ammed, tuait ses enfants par son regard : on est obligé de lui cacher celui-ci. Le cheval du prince est aveugle, mais ses pieds du devant sont l'ouragan, ceux de derrière, l'éclair, etc.

13. *Ronde chantée par les enfants.*

Reproduite sous une forme plus complète dans les *Poésies populaires*, p. 439.

14. *Chanson.*

15. *Chanson de guerre.*

16. *Chanson sur la défaite des Beni Raten* (dialecte de l'Oued Sahel).

17. *Chanson sur la défaite des Zouaouas* (dialecte de l'Oued Sahel).

18. *Message d'amour* (dialecte de l'Oued Sahel).

Dans la *note* n° 3, un conte arabe est traduit en zouaoua, en dialecte des Illoulen (O. Sahel), des Beni Menacer, du Mzab; en Tamachek't, en Guéla'ia du Rif, en Chelh'a du Sous, en Tagouarjelent et en Chaouïa de l'Aouras. J'en ai publié une version en dialecte des K'çours du Sud Oranais, dans mon *Recueil de textes et de documents relatifs à la philologie berbère (Bulletin de correspondance africaine*, 1885, p. 404-405).

HANOTEAU. *Essai de grammaire tamachek'.*

1. *Le Lévrier et l'os :*

« Un lévrier trouva un os et le rongea. L'os lui dit : Je suis très dur. — Ne t'inquiète pas, répliqua le lévrier, je n'ai rien à faire. » Cf. Vartan, *Fables arméniennes*; 39 : *Le Renard et le chameau*.

2. *Le Lion, la panthère, la tahouri et le chacal.*

Version orientale de la fable de La Fontaine : *La Génisse, la chèvre et la brebis en société avec le lion* (l. I, f. 6). Cf. *Fabulæ æsopicæ* éd. Halm n° 260; Gabrias, *Quatrains* n° 5 : *Le Lion, l'âne et le renard;* Romulus, *Fables* I, 6, *Vacca et capella, ovis et leo;* Anonyme de Nevelet, p. 418, ap. E. Duméril ; Ah'med el Qalyoubi, *Naouadir* (éd. de Boulaq), p. 36, Ed Demiri, *H·aïat el H'aïouan*, t. I, p. 199; El Abchihi, *Mostat'ref*, t. II, p. 168, Bar Hebræus, ap. Morales *Ergœtʒende Erzœhlungen*, ch. X : *Zeitschrift der deutsch. Morg. Gesellsch.*, t. XL ; Th. Wright, *Latin Stories*, p. 54; P. Paris, *Aventures de maître Renart*, n° 28. *Comment Isengrin ne fut pas aussi bon partageur que Renart* ; Legrand d'Aussy, *Fabliaux*, t. IV, p. 360; Desbillons, *Fabulæ æsopiæ*, l. IV, n° 4, *Leo, asinus et vulpis;* Decourdemanche, *Fables turques*. n° 81, *Le Lion, l'âne et le renard;* — Phèdre, l. I, f. 5 : *La Vache, la chèvre, la brebis et le lion*; Marie de France, f. 11 et 12; Bonner, *Edelstein*, VIII; Neckam, *Alter Æsopus*, f. 9, *De Ove et leone et vacca et capella;* Ysopet de Lyon, f. 6 : *De la berbieʒ, de la uaiche, de la chieure, dou lyon*. Phædrianæ fabulæ, I, 8 : *Vacca, capella, ovis et leo ;* Vincent de Beauvais, f. 4 : *Vacca, capella, ovis et leo ;* Romulus de Vienne, n° 1, f. 6 : *Vacca et capella, ovis et leo ;* Romulus de Vienne, n° 2, f. 5 : *De Vacca ;* Romulus de Berlin, f. 6 : *De Ove et capra et vacca ;* Romulus de Nilant, l. 1, f. 6 : *De Leone, bubalo et lupo venatum pergentibus ;* f. 7 : *De Vacca, capra et ove quæ leoni se sociaverunt ;* Romulus d'Oxford, f. 6 : *Vacca et capella, ovis et leo ;* Romulus de Berne, f. 5 : *Vacca et capella, ovis et leo ;* Gauthier l'Anglais, f. 6 : *De leone, vacca, capra et ove ; Gualterianæ fabulæ ;* f. 6 : *De Capra, leone, juvenca et ove ; Romuleæ fabulæ rythmicæ ;* l. I, 6 : *De Leone, bubalo et lupo ;* f. 7 : *De Vacca et leone ;* Romulus Mariæ Gallicæ, f. 6 et 7 : *De Leone ;* Romulus de Munich, f. 6 : *De Leone et vacca, ac de capra, simul de ove ;* Anonyme de Berne, f. 13 : *Vacca, capra et leo ;* Jean de Sheppei, f. 4 : *Vacca, capra, ovis et leo ;* f. 5 : *Leo, lupus et vulpes ;* Vartan, *Fables arméniennes ;* n° 10, *Le Lion, le loup et le renard.*

3. *Le Bouc et le sanglier.*
4. *La Femme et le lion.*

Une injure ne pardonne moins aisément qu'une blessure.

5. *La Maxime aux cent pièces d'or.*

Un homme achète deux maximes :

« Mieux vaut passer la nuit avec la colère qu'avec le remords. — Quand tu reviens de voyage, ne passe pas la nuit à proximité de ta demeure. » Grâce à l'application de ces conseils, il évite de tuer son fils qu'il ne reconnaissait pas. Cf. l'*Utilité de la réflexion*, trad. du sanscrit par Langlès : *Fables et Contes indiens*, p. 127; *Mille et un Jours*, éd. Loiseleur de Longchamps, p. 643; D. Juan Manuel, *Livre de Patronio*, éd. P. de Gayangos : *Escritores en prosa anteriores al siglo* xv; Ex. XXXVI, *De lo que contecio à un mercadero cuando fallo a su muger et a su fijo dormiento en uno*; de Puybusque : *Le comte Lucanor*, p. 378-383; Pitré, *Fiabe e novelle*, t. III, p. 391. *I tre rigordi;* Nerucci, *Sessanta novelle popolari montalesi* nov. 54, *I tre consigli;* Maspons y Labros, *La Rondallayre*, 3ᵉ série, p. 70, *Los tres concello de Salomo*. Un autre conte du même genre existe dans le recueil des *Quarante Vizirs* (Behrnauer, *Die vierzig Veziere*, xxivᵉ jour, histoire du 24ᵉ vizir); cf. aussi Etienne de Bourbon, *Anecdotes historiques, légendes et apologues*, p. 81 ; *Fiore di Virtuti, con annotazione* di B. Fabricatore, et *Libro de novelle antiche*, nov. xviii. *Di Zenone imperatore e di filosofo*. La contre-partie se rencontre dans la légende de *S. Julien l'Hospitalier* (*Gesta Romanorum*, éd. Keller, ch. IV; éd. Oesterley, ch. XVIII et les notes, p. 715 ; *Violier des histoires romaines*, éd. Brunet, ch. IV), traitée de nouveau par G. Flaubert (*Trois contes*, p. 89-114).

6. *L'homme qui cherche le pays où on ne meurt pas.*

Il arrive dans une contrée où il ne voit pas de tombeaux et croit avoir réussi dans sa recherche, mais il est chez des anthropophages qui mangent les vieillards.

7. *Histoire d'Ammamellen et d'Elias.*

A plusieurs reprises, mais toujours inutilement, Ammamellen cherche à faire périr Elias, fils de sa sœur. Un épisode de ce conte nous présente une variante de la fable du *Chameau borgne*. Cf. *Mélusine*, *Une fable de La Fontaine et les Contes orientaux*, t. II, col. 508-517, 541-545, 575 ; t. III, col. 141 ; Israël Lévi, *Trois contes juifs*.

8. *Histoire du Cha'anbi et de sa fiancée.*

Reproduite d'après la *Revue africaine* de 1857 dans l'*Algérie traditionnelle* de Certeux et Carnoy, t. I, p. 42. La vengeance tirée par le Cha'anbi de sa fiancée qui, enlevée par un Ahaggar, s'attache à son ravisseur et tente de faire périr son premier amant, lorsque celui-ci parvient à la reprendre, fait aussi le sujet d'un conte arabe d'Égypte (Dulac, *Contes arabes en dialecte égyptien*, n° 4) : il a passé de là sur les frontières de l'Abyssinie (cf. D. de Rivoyre, *Aux pays du Soudan*, p. 114, *Le Chien d'Ali*). Une autre version existe chez les Arabes d'Algérie (Largeau, *Flore saharienne*, ch. VI, *Histoire du Cha'anbi Yahya et de sa fiancée*).

9. *Histoire des Isakkamaren et des Kel Ouhat.*

A la suite, dix pièces de vers : une recension diverse de l'une d'elle a été publiée par M. Duveyrier dans les *Touaregs du Nord*, p. 450-452.

HANOTEAU. — *Poésies populaires de la Kabylie du Jurjura.*

Divisées en trois parties : 1° *Chants relatifs à la conquête de la Kabylie* (16); 2° *Chansons diverses* (12); 3° *Chansons sur les femmes et couplets d'enfants* (25).

CREUZAT. — *Essai de dictionnaire français-kabyle.*

1. *Un Ajennad.*

2. *Le Chakal bariolé.* Le chacal joue ici le rôle du chat dans le conte célèbre du Chat botté. Cf. Basile *Pentamerone* 2ᵉ journée, conte I, *Gagliuso*; Perrault, *Contes de fées : Le Chat botté* ; Ch. Deulin, *Les contes de ma Mère l'Oye avant Perrault*, p. 219; un conte ariégeois : *Lou compaire Gatet (Revue des langues romanes*, t. III, p. 396. L'ingratitude du maître envers l'animal son bienfaiteur, qui manque dans Perrault, se retrouve dans les contes suivants où une chatte est

substituée au chat : en Italie : le roi Happe-fumée (*Re Messemi gli becca'l fumo* : Imbriani, *La Novellaja fiorentina e la novellaja Milanese*, nov. X ; Marc Monnier, *Contes populaires en Italie*, p. 24; Straparola, *Tredici piacevoli notti* nuit xi, f. 1 : Ailleurs, le chat ou la chatte sont remplacés par le renard, ce qui nous rapproche du chacal du conte kabyle : en Sicile, *D. Giuseppe Piru* (Pibré, *Fiabe, novelle e raconti popolari siciliani*, t. II, nouv. 381 : *Vom Conte Piro* (Gonzenbach, *Sicilianische Mærchen*, n° 65); chez les Avars du Caucase : *Boukoutchi-Khan* (Schiefner, *Avarische Texte, Mémoires de l'Académie de Saint-Pétersbourg*, vii° série, t. XIX, n° 6); en Russie, *Cosme* (Afanasiev, *Narodniya rousskiya skazki* IV, 11). En Souahili, sur la côte orientale d'Afrique, nous trouvons une gazelle qui joue le rôle du renard : *Le sultan Daraï* (Steere *Swahili Tales*, London, 1870). La même donnée se rencontre dans deux contes kabyles : *Le Roi et le chacal* (Rivière, *Contes populaires kabyles*, p. 135. qui est le même que le *Chakal bariolé* et *Le Singe et le pêcheur* (Rivière, *Contes populaires kabyles*, p. 99).

3. *Un Ajennad.*

4. *Histoire d'un joueur de flûte*, se trouve reproduit dans les *Contes populaires kabyles* du P. Rivière, p. 90. Cf. Sébillot,

Contes populaires de la Haute-Bretagne, t. I, n° VII, *les Trois sons*. Dans le conte italien du *Pastoureau*, celui-ci reçoit un orgue au son duquel tout le monde danse involontairement (Marc Monnier, *Contes populaires en Italie*, ch. xv, p. 242); cf. les légendes d'Orphée, d'Amphion et du preneur de rats de Hammel.

2. *L'homme de Dieu*.

Rivière, *Contes populaires kabyles*, p. 113, *Le Prophète et les enfants*; Daumas, *La Vie arabe et la Société musulmane*, p. 326.

E. Masqueray. — *Voyage dans l'Aouras* (Bulletin de la Société de géographie, juillet 1876).

Une légende historique en chaouïa : *Le Djohal, le Musulman, l'oiseau Miris*.

Idem. — *Tradition de l'Aouras oriental* (Bulletin de Correspondance africaine, 1885, p. 94-97).

Une légende historique en dialecte chaouïa et zouaoua : *Moh'ammed et 'Abri*. Une partie du texte chaouïa a été reproduit dans mon *Manuel de langue kabyle* (Textes, p. 28*).

Rivière. — *Contes populaires de la Kabylie du Jurjura*.

51 contes, fables et légendes.

Cf. un article de M. G. Paris, *Revue critique*, 2 octobre 1880.

G. A. Krause. — *Proben der Sprache von Ghat*

in der Sahara (2ᵉ volume des *Mitteilungen der Riebeck'schen Niger-Expedition*). Cf. sur cet ouvrage, *Bulletin de Correspondance africaine*, 1885, p. 576-578.

Trois textes en dialecte de Ghat, dont un conte relatif à Djoh'a. L'artifice par lequel il rentre en possession du vase renfermant un trésor, et donné par sa femme à un mendiant, est celui du magicien africain cherchant à reprendre la lampe merveilleuse enlevée par Aladin (*Mille et une Nuits*, t. III, p. 153-155) : la partie du vase renfermant le trésor est à rapprocher d'un épisode de l'histoire de Cogia Hassan al Habbal (*Mille et une Nuits*, t. III, p. 238-239). Cf. aussi un conte populaire arabe d'Algérie : *Histoire du bûcheron de Tafilalet* (Cherbonneau, *Leçons de lecture arabe*, p. 26-29 et 54-61).

A. DE CALASSANTI-MOTYLINSKI. — *Chanson berbère de Djerba* (*Bulletin de Correspondance africaine*, 1885, p. 461-464). Quelques couplets ont été publiés dans mon *Manuel de langue kabyle* (*Textes*, p. 31*).

Dans mes *Notes de lexicographie berbère*, 2ᵉ série, j'ai publié en dialecte des Beni Menacer 8 contes ou légendes qui sont reproduits dans ce volume, nᵒˢ 1, 3, 14, 16, 20, 21, 22, 23.

De la troisième série (Dialecte des K'çours) sont extraits les suivants : nᵒˢ 25, 30, 34, 39, 43.

Le *Bulletin de Correspondance africaine* (1885, p. 1), renferme le conte de *Salomon et le Dragon* en dialecte des Beni Menacer (n° 14).

Mon *Recueil de textes et documents relatifs à la philologie berbère* (ch. I et II) publiés dans le même recueil a fourni les contes suivants : n°s 42, 41, 44, 24, 31, 54, 11, 13, 52, 29, 36 et 49.

Les suivants n'ont pas été reproduits dans ce volume :

VIII, *Le Roi et l'Homme*; X, *La Fin du monde*; XVI, *Le Renard et le Corbeau*; XVII, *La Panthère et le Bœuf*; XVIII, *La Gazelle*.

Mon *Manuel de langue kabyle* contient les textes des contes suivants : n°s 55, 5, 11, 7, 23, 6, 31, 57, 59, 14, 53, 50, 9, 30, 32.

Les textes suivants n'ont pas été reproduits : n° I, *La Gazelle malade*; VI, *Lettre*; X, *Extrait des Evangiles*; XIII, *La Cueillette des olives* (chanson); XVI, *Naissance de Moha'mmed et de Ali*; XIX, *Les Boucles d'oreilles* (chanson); XX, *Une noce dans le Djebel Nefousa*; XXIII, *L'Ane de Djoha*.

TABLE

	Pages
Préface	I
Index des auteurs cités dans la préface, les notes et l'appendice.	XXVII
PREMIÈRE PARTIE. — Fables et contes d'animaux.......................	1-21
1. Le chacal et le hérisson *(Beni Menacer)*......................	3
2. Le lièvre et le chacal *(Mzab)*....	5
3. Le lion, le chacal et l'homme *(Beni Menacer)*..............	7
4. Le chacal et l'âne *(Zouaoua)*....	11
5. Le chacal et la perdrix *(Zouaoua)*	13
6. Le hérisson et le chacal *(Zouaoua)*	14
7. L'homme, la vipère et le hérisson *(Zouaoua)*................	16
8. Le chacal *(Mzab)*................	18
9. Le chacal et le coq *(Ouargla)*...	19
10. Le faucon et le corbeau *(Ain Sfisifa*...................	20

 11. Pourquoi le corbeau est noir *(Zouaoua)* 21

DEUXIÈME PARTIE. — Légendes religieuses......................... 23-39

 12. Origine du lion, du chat et du rat *(Zouaoua)*............. 25
 13. Salomon et le griffon *(Aïn Sfisifa)*...................... 27
 14. Salomon et le dragon *(Beni Menacer)*..................... 29
 15. Salomon et le voleur d'oies *(Chelh'a du Sous)*........... 31
 16. Sidi Smian et Sidi Ahmed b. Yousef *(Beni Menacer)*....... 32
 17. Aventure de Sidi Moh'ammed 'Adjeli avec Mouley Moh'ammed *(Cheih'a du Sous)*........ 34
 18. Le scorpion et le Khammès *(Mẓab)*........................ 37
 19. Le pari impie *(Mẓab)*.................................... 39

TROISIÈME PARTIE. — Légendes et traditions historiques............ 41-46

 20. Origine des habitants de Cherchel *(Beni Menacer)*........ 43
 21. Destruction de Cherchel *(Beni Menacer)*.................. 44
 22. L'aqueduc de Cherchel *(Beni Menacer)*.................... 45
 23. Conquête de Constantine par les Arabes *(Zouaoua)*........ 46

QUATRIÈME PARTIE. — Contes merveilleux. Les trésors, les djinns, les

FÉES, etc.................................... 49-117
24. Le jardin hanté *(Bou Semghoun)*. 51
25. La femme et la fée *(Bou Semghoun)*........................... 53
26. La sage-femme et la fée *(Bou Semghoun)*...................... 55
27. H'amed ben Çeggad *(Zouaoua)*. 56
28. Le monstre de Tazalaght *(Chelh'a du Sous*................. 60
29. La serviette magique *(Aïn Sfisifa)* 61
30. Le mari de la fée *(Bou Semghoun)* 63
31. L'enfant et le roi des génies *(Zouaoua)*........................ 64
32. La fée et les t'alebs *(Chelh'a du Sous)*........................... 67
33. L'ogre et les deux femmes *(Beni Menacer)*........................ 69
34. L'inscription mystérieuse *(Bou Semghoun)*...................... 71
35. Les sept frères *(Zouaoua)*....... 72
36. L'oiseau merveilleux et le Juif *(Aïn Sfisifa)*..................... 75
37. La caverne des Djinns *(Chelh'a du Sous)*........................ 77
38. La colline des Djinns *(Bou Semghoun)*......................... 78
39. La pierre fondue *(Bou Semghoun)* 79
40. Le trésor de Ras el 'Aïn *(Chelh'a du Sous)*...................... 80
41. Le trésor de 'Asla *(Bou Semghoun)*............................ 81
42. Moitié de coq *(Beni Menacer)*... 83
43. Le présent de la fée *(Bou Sem-*

    ghoun).................... 90
 44. Le trésor de Ghoundjaïa (Bou Semghoun)................... 92

CINQUIÈME PARTIE. — Contes divers. 93-117

 45. La vieille et la mouche (Zouaoua). 95
 46. L'étranger (Zouaoua).......... 97
 47. Rencontres singulières (Zouaoua) 99
 48. Le sot et la corde (Chelh'a du Sous)...................... 101
 49. La femme, le roi et le serpent (Figuig)................... 102
 50. Le vieillard, la femme et les voleurs (Temacin)............. 104
 51. Le riche avare (Chelh'a du Sous). 106
 52. Les trois voleurs (Aïn Sfisifa).. 107
 53. La charité (Mzab)............ 108
 54. Le roi et sa famille (Bou Semghoun)..................... 109
 55. Les voleurs (Zouaoua)......... 112
 56. La pêche surprenante (Chelh'a du Sous)................... 113
 57. Beddou (Zouaoua)............ 114
 58. La vieille mosquée (Chelh'a du Sous)...................... 117

SIXIÈME PARTIE. — Poésies, chansons, énigmes, proverbes................ 119-127

 59. La peste (Zouaoua)............ 121
 60. Les conseils (Zouaoua)......... 123
 61. Vers en dialecte Chelh'a (Chelh'a du Sous)................... 124
 62. Enigmes (Zouaoua)............ 125
 63. Proverbes (Zouaoua).......... 127

Notes 131
Addition aux notes (Origine du lion, du chat et du rat)........................ 211
Appendice. — Bibliographie des contes et chansons berbères................ 215

———

Le Puy. — Imprimerie de Marchessou fils.

www.ingramcontent.com/pod-product-compliance
Lightning Source LLC
Chambersburg PA
CBHW070545160426
43199CB00014B/2375